Yavaş Pişirme Sanatı

Lezzetlerin Zamana Meydan Okuması

Esra Demirsoy

Özet

Makarnalı tavuk, yavaş pişirici

İÇİNDEKİLER

- 2 çay kaşığı granül veya bazik formda tavuk suyu

- 1 yemek kaşığı kıyılmış taze maydanoz

- 3/4 çay kaşığı kümes hayvanı baharatı

- 1/3 bardak. doğranmış Kanada pastırması veya füme jambon

- 2 veya 3 havuç, ince dilimlenmiş

- 2 sap kereviz, ince dilimlenmiş

- 1 küçük soğan, ince dilimlenmiş

- 1/4 bardak. su

- 1 ızgara tavuk (yaklaşık 3 pound), parçalara ayrılmış

- 1 kutu (10 3/4 oz.) yoğunlaştırılmış çedar peyniri çorbası

- 1 yemek kaşığı çok amaçlı un

- 1 (16 oz.) konfit yumurtalı makarna, pişirilmiş ve süzülmüş

- 2 yemek kaşığı ince kıyılmış yenibahar

- 2 yemek kaşığı rendelenmiş parmesan peyniri

HAZIRLIK

1. Et suyunu veya tavuk suyunu, kıyılmış maydanozu ve kümes hayvanı baharatını küçük bir kasede karıştırın; bir kenara koy.

2. Kanada pastırmasını veya jambonunu, havuçunu, kerevizini ve soğanını yavaş tencereye yerleştirin. Su ekle.

3. Tavuğun derisini ve fazla yağını alın; durulayın ve kurulayın. Tavuğun yarısını yavaş tencereye koyun. Ayrılmış baharat karışımının yarısını serpin. Kalan tavuğu üstüne yerleştirin ve kalan baharat karışımını serpin.

4. Çorbayı ve unu karıştırıp tavuğun üzerine dökün; karıştırmayın.

5. Kapağı kapatın ve YÜKSEK ayarda 3 ila 3 1/2 saat veya DÜŞÜK ayarda 6 ila 8 saat veya tavuk yumuşayana ve kemik boyunca kesildiğinde meyve suları temiz akana ve sebzeler yumuşayana kadar pişirin.

6. Sıcak pişmiş makarnayı 2-2 1/2 litrelik küçük bir kaseye aktarın. Tavukları hamurun üzerine yerleştirin. Çorba karışımını ve sebzeleri tencerede iyice birleşene kadar karıştırın. Tavuğa sebze ve biraz sıvı ekleyin. Kıyılmış biber ve parmesan serpin.

7. Isıdan 4-6 inç uzakta, 5-8 dakika veya hafifçe kızarana kadar pişirin.

8. İsterseniz bir dal maydanozla süsleyin.

9. Orman tavuğu tarifi 4'te

Soğanlı tavuk

İÇİNDEKİLER

- 4 büyük kırmızı soğan, ince dilimlenmiş

- 5 diş sarımsak, kıyılmış

- 1/4 bardak limon suyu

- 1 çay kaşığı tuz

- 1/4 çay kaşığı kırmızı biber (veya gerekirse daha fazla)

- 4-6 dondurulmuş kemiksiz tavuk göğsü, çözülmesine gerek yok

- sıcak haşlanmış pirinç

HAZIRLIK

1. Pirinç dışındaki tüm malzemeleri tencereye ekleyin. İyice karıştırın. 4-6 saat kadar veya tavuk yumuşayana ve hala yumuşak olana kadar kısık ateşte pişirin.

2. Pirinçle servis yapın.

Maydanozlu tavuk köfte

İÇİNDEKİLER

- 4-6 derisiz tavuk göğsü filetosu

- 1 tutam tuz, karabiber, kurutulmuş kekik yaprağı, öğütülmüş mercanköşk ve kırmızı biber

- 1 büyük soğan, dilimlenmiş ve bölünmüş

- 2 pırasa dilimlenmiş

- 4 havuç, büyük parçalar halinde kesilmiş

- 1 diş sarımsak, kıyılmış

- 1 su bardağı tavuk suyu

- 1 yemek kaşığı mısır nişastası

- 1 kutu (10 3/4 oz.) yoğunlaştırılmış tavuk suyu

- 1/2 bardak sek beyaz şarap

- Mantı

- 1 fincan Bisquick

- 8 yemek kaşığı süt

- 1 çay kaşığı kurutulmuş maydanoz gevreği

- bir tutam tuz

- Acı biber

• bir tutam kırmızı biber

HAZIRLIK

1. Tavuğa tuz, karabiber, kekik, mercanköşk ve kırmızı biber serpin. Soğan, pırasa ve havuç dilimlerinin yarısını tabağın altına yerleştirin. Tavukları sebzelerin üzerine dizin. Kıyılmış sarımsağı tavuğun üzerine serpin, ardından kalan soğan dilimlerini ekleyin. 1 çorba kaşığı mısır nişastasını 1 bardak tavuk suyunda eritin, ardından tavuk suyu ve şarapla karıştırın. Yaklaşık 3 saat YÜKSEK seviyede veya yaklaşık 6 saat boyunca DÜŞÜK seviyede pişirin (gnocchi eklerken DÜŞÜK seviyede pişiriyorsanız YÜKSEK konuma getirin).

2. Tavuk yumuşak olmalı ancak kuru olmamalıdır.

3. **Gnocchi:**1 bardak kraker, yaklaşık 8 yemek kaşığı süt, maydanoz, tuz, karabiber ve kırmızı biberi birleştirin; Toplar haline getirin ve pişirmenin son 35-45 dakikasında tavuk karışımına ekleyin.

4. 4-6 kişi için.

Taze soğan ve mantarlı tavuk

İÇİNDEKİLER

- 4-6 kemiksiz tavuk göğsü, 1 inçlik parçalar halinde kesilmiş

- 1 kutu (10 3/4 oz) kremalı tavuk veya tavuk ve mantar çorbası

- 8 ons dilimlenmiş mantar

- 1 torba (16 ons) dondurulmuş arpacık soğanı

- Tatmak için biber ve tuz

- Dekorasyon için doğranmış maydanoz

HAZIRLIK

1. Tavuğu yıkayıp kurulayın. 1/2 inçlik parçalar halinde kesin ve büyük bir kaseye yerleştirin. Et suyu, mantar ve soğanı ekleyin; Karıştırın. Yavaş pişirici parçayı pişirme spreyi ile püskürtün.

2. Tavuk karışımını tencereye ekleyin ve üzerine tuz ve karabiber serpin.

3. Kapağı kapatın ve mümkünse yarıya kadar karıştırarak 6-8 saat DÜŞÜK sıcaklıkta pişirin.

4. Kıyılmış taze maydanozla süsleyin ve sıcak haşlanmış pirinç veya patatesle servis yapın.

5. 4-6 kişi için.

Ananaslı Tavuk

İÇİNDEKİLER

• 1 ila 1 1/2 pound tavuk kanadı, 1 inçlik parçalar halinde kesilmiş

• 2/3 bardak ananas reçeli

• 1 yemek kaşığı artı 1 çay kaşığı teriyaki sosu

• 2 diş ince dilimlenmiş sarımsak

• 1 yemek kaşığı kurutulmuş doğranmış soğan (veya 1 demet doğranmış taze arpacık)

• 1 yemek kaşığı limon suyu

• 1/2 çay kaşığı öğütülmüş zencefil

• tatmak için bir tutam acı biber

• 1 paket (10 ons) şekerlenmiş bezelye, çözülmüş

HAZIRLIK

1. Tavuk parçalarını yavaş pişiriciye/tencereye yerleştirin.

2. Reçelleri, teriyaki sosunu, sarımsağı, soğanı, limon suyunu, zencefili ve kırmızı biberi karıştırın; iyice karıştırın. Tavuğun üzerine dökün ve kaplanana kadar karıştırın.

3. Kapağını kapatıp düşük sıcaklıkta 6-7 saat pişirin. Son 30 dakikada bezelyeleri ekleyin.

4. 4 kişilik.

Tavuk ve pirinç güveç

İÇİNDEKİLER

- 4-6 büyük kemiksiz, derisiz tavuk göğsü

- 1 kutu tavuk çorbası

- 1 kutu kereviz kreması

- 1 kutu mantar çorbası

- 1/2 bardak doğranmış kereviz

- 1 ila 1 1/2 bardak değiştirilmiş pirinç

HAZIRLIK

1. Yavaş pişiricide 3 kutu çorba ve pirinci birleştirin. Tavuğu karışımın üzerine yerleştirin, ardından doğranmış kerevizi ekleyin. Yüksek ayarda 3 saat veya düşük ayarda yaklaşık 6-7 saat pişirin.

2. 4-6 porsiyon.

biberli tavuk

İÇİNDEKİLER

- 1 inçlik parçalar halinde kesilmiş 6 kemiksiz yarım tavuk göğsü

- 1 su bardağı doğranmış soğan

- 1 su bardağı doğranmış dolmalık biber

- 2 diş sarımsak

- 2 yemek kaşığı. sebze yağı

- 2 kutu Meksika haşlanmış domatesi (her biri yaklaşık 15 ons)

- 1 kutu kırmızı biber

- 2/3 bardak acı sos

- 1 çay kaşığı. Toz biber

- 1 çay kaşığı. kimyon

- 1/2 çay kaşığı. Tuz

HAZIRLIK

1.

Tavuk göğsünü, soğanı, kırmızı biberi ve sarımsağı bitkisel yağda sebzeler kızarıncaya kadar kızartın. Yavaş tencereye ekleyin; Malzemelerin geri kalanını ekleyin. Kapağını kapatın ve 4-6 saat boyunca DÜŞÜK sıcaklıkta pişirin. Pirinçle servis yapın.

2. 4-6 kişi için.

Çin usulü tavuk ve sebzeler

İÇİNDEKİLER

- Tavuk göğsü 1 ila 1 1/2 pound, kemiksiz

- 2 su bardağı iri kıyılmış lahana

- 1 orta boy soğan, büyük parçalar halinde kesilmiş

- 1 orta boy kırmızı dolmalık biber, büyük parçalar halinde kesilmiş

- 1 paket Kikkoman tavuklu salata sosu

- 1 yemek kaşığı kırmızı şarap sirkesi

- 2 çay kaşığı bal

- 1 yemek kaşığı soya sosu

- 1 bardak dondurulmuş karışık oryantal sebze

- 2 yemek kaşığı mısır nişastası

- 1 yemek kaşığı soğuk su

HAZIRLIK

1. Tavuğu 1 1/2 inçlik parçalar halinde kesin. Yavaş pişiriciye ilk 8 malzemeyi ekleyin; iyice karıştırın. Kapağını kapatıp kısık ateşte 5-7 saat pişirin. Mısır nişastasını ve soğuk suyu karıştırın; Sebzelere ekleyip 30-45 dakika daha sebzeler yumuşayana kadar pişirin.

2. 4-6 kişi için.

Pirinçli Cornish oyun tavuğu

İÇİNDEKİLER

- 2 Cornish av tavuğu

- 1/2 su bardağı tavuk suyu

- Tatmak için limon tuzu ve karabiber

- sıcak haşlanmış pirinç

HAZIRLIK

1. Cornish tavuklarını yavaş pişiriciye yerleştirin (istenirse önce tavukları hafif yağlanmış bir tavada kızartın). Tavuk suyunu ekleyin. Tavuğu limon tuzu ve karabiber serpin. DÜŞÜK ayarda 7-9 saat pişirin. Tavuğu çıkarın ve yağı boşaltın; Meyve sularını 1 1/2 yemek kaşığı mısır nişastası ve 1 yemek kaşığı soğuk su karışımıyla koyulaştırın. Sıcak haşlanmış pirinçle servis yapın. 2 kişilik.

Kuru üzüm soslu Cornish tavuk

İÇİNDEKİLER

- Belirtildiği şekilde hazırlanmış 1 paket (6 oz) dolum

- 4 Cornish tavuğu

- Tuz biber

- .

- Kuru üzüm sosu

- 1 kavanoz (10 ons) kuş üzümü jölesi

- 1/2 bardak kuru üzüm

- 1/4 bardak tereyağı

- 1 yemek kaşığı limon suyu

- 1/4 çay kaşığı yenibahar

HAZIRLIK

1. Tavuğu hazırlanan dolmayla doldurun; Tuz ve karabiber ekleyin.

Tavukların suyun içinde oturmasını önlemek için yavaş pişiriciye bir tutam veya buruşuk bir alüminyum folyo parçası yerleştirin. Derin, dar bir toprak kap kullanıyorsanız, Cornish tavuğunu boynu aşağıya gelecek şekilde yerleştirin. Jelatin, kuru üzüm, tereyağı, limon suyu ve yenibaharı 1 litrelik bir tencerede birleştirin. Karıştırırken pişirin ve kaynatın. Sosu tenceredeki tavukların üzerine dökün.

2. Kalan sosu servis yapana kadar buzdolabında saklayın. Kapağı kapatın ve 5-7 saat DÜŞÜK sıcaklıkta pişirin, ardından yakl. bir kez bir saat bekletin. Servis yapmadan hemen önce kalan sosu kaynatın ve tavuğun üzerine dökün.

3. 4.

Kaptan Ülke tavuk göğsü

İÇİNDEKİLER

• 2 orta boy Granny Smith elması, çekirdeği çıkarılmış ve doğranmış (kabuğu soyulmamış)

• 1/4 bardak doğranmış soğan

• 1 küçük yeşil biber, çekirdeği çıkarılmış ve doğranmış

• 3 diş sarımsak, kıyılmış

• 2 yemek kaşığı kuru üzüm veya kuş üzümü

• 2 veya 3 çay kaşığı köri tozu

• 1 çay kaşığı öğütülmüş zencefil

• 1/4 çay kaşığı öğütülmüş kırmızı biber veya tadı

• 1 kutu (yaklaşık 14 1/2 ons) doğranmış domates

• 6 kemiksiz, derisiz yarım tavuk göğsü

• 1/2 su bardağı tavuk suyu

• Uzun taneli pirince dönüştürülmüş 1 bardak beyaz pirinç

• 1 pound orta veya büyük karides, soyulmuş ve kabuğu çıkarılmış, çiğ, isteğe bağlı

• 1/3 su bardağı file badem

• koşer tuzu

• Kıyılmış maydanoz

HAZIRLIK

1. Doğranmış elma, soğan, dolmalık biber, sarımsak, kuru üzüm veya altın kuş üzümü, köri tozu, zencefil ve öğütülmüş kırmızı biberi 4 ila 6 litrelik yavaş pişiricide birleştirin; Domatesleri karıştırın.

2. Tavuğu, parçaları hafifçe kaplayacak şekilde domates karışımının üzerine yerleştirin. Tavuk suyunu tavuk göğsü yarımlarının üzerine dökün. Kapağını kapatın ve tavuk çatalla delindiğinde iyice yumuşayana kadar, yaklaşık 4-6 saat, DÜŞÜK ayarda pişirin.

3. Tavuğu fırın tepsisine yerleştirin, hafifçe örtün ve fırında 400°F veya daha yüksek sıcaklıkta sıcak tutun.

4. Pirinci pişirme sıvısına karıştırın. Sıcaklığı maksimuma yükseltin; kapağını kapatın ve bir veya iki kez karıştırarak pirinç neredeyse yumuşayana kadar yaklaşık 35 dakika pişirin. Kullanıyorsanız karidesleri karıştırın; Kapağını kapatıp karidesin ortası opaklaşana kadar 15 dakika daha pişirin. çeki kesin.

5. Bu arada bademleri küçük yapışmaz bir tavada orta ateşte ara sıra karıştırarak altın rengi kahverengi olana kadar kızartın. Beni bir kenara koydun.

6. Servis yaparken pirinç karışımına tuz ekleyin. Sıcak bir kaseye yerleştirin; Tavuğu üstüne yerleştirin. Maydanoz ve badem serpin.

Köy tavuğu ve mantar

İÇİNDEKİLER

- 1 şişe köy sosu

- 4-6 tavuk göğsü

- 8 ons dilimlenmiş mantar

- Tatmak için biber ve tuz

HAZIRLIK

1. Tüm malzemeleri karıştırın; Kapağını kapatıp 6-7 saat pişirin. Pirinç veya makarna ile servis yapın.

2. 4-6 kişi için.

Tavuk Country Club Kulübü

İÇİNDEKİLER

- 5 elma, soyulmuş, çekirdeği çıkarılmış ve doğranmış

- Dilimlenmiş yeşillikler dahil 6-8 taze soğan

- 1 pound tavuk budu, kemiksiz, derisi alınmış, yağları alınmış, 2 inçlik küpler halinde kesilmiş

- 6 ila 8 ons dilimlenmiş İsviçre peyniri

- 1 kutu (10 1/2 ons) kremalı tavuk çorbası, 1/4 bardak sütle iyice harmanlanmış

- 1 kutu (6 oz) Pepperidge Farm Elma Üzüm Doldurma veya en sevdiğiniz doldurma karışımını kullanın

- 1/4 bardak eritilmiş tereyağı

- 3/4 bardak elma suyu

HAZIRLIK

1. Malzemeleri 3 1/2-5 litrelik yavaş pişiriciye yukarıdaki sıraya göre ekleyin. Çorba karışımını peynir tabakasının üzerine dökün, tereyağını dolgunun üzerine dökün ve son olarak üzerine elma suyunu gezdirin. Sıvının ekmeğin tamamını ıslattığından emin olun.

2. Kapağı kapatın ve 1 saat YÜKSEK sıcaklıkta, 4-5 saat daha DÜŞÜK sıcaklıkta pişirin.

3. Rose-Mary'nin notu:

4. Hiçbir şeyle yemiyoruz ama harika bir sos yaptığı ve dolgunun tabaktan kaybolduğu için kahverengi pirinçle servis etmenizi öneririm.

yaban mersini ile tavuk

İÇİNDEKİLER

• 4-6 kemiksiz, derisiz tavuk göğsü filetosu

• 1 kutu tam kızılcık sosu

• 2/3 bardak biber sosu

• 2 yemek kaşığı elma sirkesi

• 2 yemek kaşığı esmer şeker

• 1 paket altın soğan çorbası (Lipton)

HAZIRLIK

1. Tavuk göğüslerini yavaş pişiriciye/tencereye yerleştirin. Kalan malzemeleri karıştırın; Yavaş pişiriciye/tencereye yerleştirin ve tavuğu iyice kapatın. Kapağını kapatıp 6-8 saat pişirin.

2. 4-6 kişi için.

Yaban mersinli tavuk II

İÇİNDEKİLER

- 2 pound kemiksiz, derisiz tavuk göğsü

- 1/2 bardak doğranmış soğan

- 2 çay kaşığı bitkisel yağ

- 2 çay kaşığı tuz

- 1/2 çay kaşığı öğütülmüş tarçın

- 1/4 çay kaşığı öğütülmüş zencefil

- 1/8 çay kaşığı öğütülmüş hindistan cevizi

- ince öğütülmüş yenibahar

- 1 bardak portakal suyu

- 2 çay kaşığı ince rendelenmiş portakal kabuğu

- 2 bardak taze veya dondurulmuş yaban mersini

- 1/4 su bardağı esmer şeker

HAZIRLIK

1. Tavuk parçalarını ve soğanı yağda kızartın; tuz serpin.

2. Kızartılmış tavuğu, soğanı ve diğer malzemeleri tencereye ekleyin.

3. Kapağı kapatın ve 5 1/2-7 saat DÜŞÜK sıcaklıkta pişirin.

4. Gerekirse pişirme süresinin sonunda sosu yaklaşık 2 yemek kaşığı mısır nişastası ve 2 yemek kaşığı soğuk su karışımıyla koyulaştırın.

Krem peynirli tavuk

İÇİNDEKİLER

- Tavuk parçaları 3 ila 3 1/2 pound

- 2 yemek kaşığı eritilmiş tereyağı

- Tatmak için biber ve tuz

- 2 yemek kaşığı kuru İtalyan salata sosu

- 1 kutu (10 3/4 oz.) mantar çorbası

- 8 ons krem peynir, doğranmış

- 1/2 bardak sek beyaz şarap

- 1 yemek kaşığı doğranmış soğan

HAZIRLIK

1. Tavuğu tereyağıyla yağlayın ve üzerine tuz ve karabiber serpin. Yavaş bir tencereye koyun ve her şeyi kuru baharatlarla serpin.

2. Kapağını kapatıp tavuk yumuşayana ve iyice pişene kadar 6-7 saat pişirin.

3. Bitime yaklaşık 45 dakika kala çorba, krem peynir, şarap ve soğanı küçük bir tencerede birleştirin. Köpüklü ve pürüzsüz olana kadar pişirin.

4. Tavuğun üzerine dökün, kapağını kapatın ve 30-45 dakika daha pişirin.

5. Tavuğu sosla birlikte servis edin.

6. 4-6 kişi için.

Kremalı tavuk ve enginar

İÇİNDEKİLER

• 2-3 su bardağı doğranmış pişmiş tavuk

• 2 bardak donmuş enginar çeyreği veya 1 kutu (yaklaşık 15 ons), süzülmüş

• 2 ons doğranmış biber, süzülmüş

• 1 kavanoz (16 ons) Alfredo sosu

• 1 çay kaşığı tavuk suyu veya et suyu

• 1/2 çay kaşığı kurutulmuş fesleğen

• 1/2 çay kaşığı sarımsak karanfil veya tozu

• İsteğe bağlı olarak 1 çay kaşığı kurutulmuş maydanoz

• Tatmak için biber ve tuz

• 8 ons spagetti, pişmiş ve suyu süzülmüş, isteğe bağlı

HAZIRLIK

1. Ben yarım kiloya yakın tavuğu limonlu ve sarımsaklı suda pişiriyorum ama siz haşlanmış tavuk göğsü veya kalan tavuk göğsünü de kullanabilirsiniz. Tüm malzemeleri bir kaseye koyun; Kapağını kapatıp 4-6 saat pişirin. Sıcak pişmiş makarnaya karıştırın veya pirinç veya makarna için sos olarak kullanın. Yavaş pişirilen bu tavuk ve enginar tarifi 4-6 kişiye hizmet vermektedir.

Kremalı İtalyan Tavuğu

İÇİNDEKİLER

• 4 adet kemiksiz, derisiz yarım tavuk göğsü

• 1 torba İtalyan salata sosu

• 1/3 bardak su

• 1 paket (8 ons) krem peynir, yumuşatılmış

• 1 kutu (10 3/4 oz) yoğunlaştırılmış kremalı tavuk suyu, seyreltilmemiş

• 1 kutu (4 oz.) mantar sapları ve parçaları, süzülmüş

• Sıcak pişmiş pirinç veya makarna

HAZIRLIK

1. Tavuk göğsü yarımlarını yavaş pişiriciye yerleştirin. Salata sosunu ve suyu birleştirin; tavuğun üzerine dökün. Kapağı kapatın ve 3 saat boyunca DÜŞÜK sıcaklıkta pişirin. Küçük bir kapta krem peyniri ve çorbayı iyice birleşene kadar karıştırın. Mantarları ekleyin. Krem peynirli karışımı tavukların üzerine dökün. 1-3 saat daha veya tavuk suları bitene kadar pişirin. İtalyan tavuğunu pilav veya sıcak pişmiş makarna ile servis edin.

2. Bölüm 4.

Tavuk Kreyolu

İÇİNDEKİLER

• Parçalara ayrılmış 1 et lokantası tavuğu, yakl. 3 kilo tavuk parçası

• Küçük parçalar halinde kesilmiş 1 yeşil biber

• 6 taze soğan, yaklaşık 1 demet, doğranmış

• 1 kutu (14,5 oz) domates, suyu süzülmemiş, doğranmış

• 1 kutu (6 ons) domates salçası

• 4 ons doğranmış pişmiş jambon

• 1 çay kaşığı tuz

• şişeden birkaç damla kırmızı biber sosu, ör. B. Tabasco

• 1/2 pound dilimlenmiş tütsülenmiş sosis, andouille, kielbasa vb.

• 3 bardak pişmiş pirinç

HAZIRLIK

1. Yavaş pişiricide tavuk, biber, soğan, domates, salça, jambon, tuz ve karabiberi birleştirin.

2. Kapağını kapatıp kısık ateşte 6 saat pişirin. Düğmeyi çevirin ve sosis ve pişmiş pirinci ekleyin. Kapağı kapatın ve maksimum güçte 20 dakika daha pişirin.

Sosisli Creole tavuğu

İÇİNDEKİLER

- 1 1/2 pound kemiksiz tavuk budu, parçalar halinde kesilmiş

- 12 ons tütsülenmiş andouille sosisi, 1 ila 2 inçlik parçalar halinde kesilmiş

- 1 su bardağı doğranmış soğan

- 3/4 bardak tavuk suyu veya su

- 1 kutu (14,5 oz.) doğranmış domates

- 1 kutu (6 ons) domates salçası

- 2 çay kaşığı Cajun veya Creole sosu

- tatmak için bir tutam acı biber

- Küçük parçalar halinde kesilmiş 1 yeşil biber

- Tatmak için biber ve tuz

- sıcak pişmiş beyaz veya kepekli pirinç veya pişmiş, süzülmüş spagetti

HAZIRLIK

1. Tavuk budu parçalarını, andouille sosis parçalarını, doğranmış soğanı, et suyunu veya suyu, domatesleri (meyve suyuyla birlikte), domates salçasını, creole baharatını ve acı biberi yavaş pişiricide birleştirin.

2. Tavuk-sosis karışımını örtün ve düşük ateşte 6-7 saat pişirin. Pişirmeden yaklaşık bir saat önce doğranmış yeşil biberi ekleyin. Gerektiğinde tuz ve karabiber tadın ve ekleyin.

3. Bu leziz tavuk ve sosis yemeğini sıcak pişmiş pirinçle veya spagetti veya melek kılı makarnayla servis edin.

4. 6 kişilik.

Güveçte Tavuk ve Enginar

İÇİNDEKİLER

• 3 kilo tavuk parçası, dilimlenmiş, kıyılmış

• Tatmak için tuz

• 1/2 çay kaşığı biber

• 1/2 çay kaşığı kırmızı biber

• 1 yemek kaşığı tereyağı

• 2 şişe sirkeli enginar, kalp; salamura rezervi

• 1 kutu (4 ons) mantar, süzülmüş

• 2 yemek kaşığı hazır tapyoka

• 1/2 su bardağı tavuk suyu

• 3 yemek kaşığı kuru şeri veya daha fazla tavuk suyu

• 1/2 çay kaşığı kurutulmuş tarhun

HAZIRLIK

1. Tavuğu yıkayıp kurulayın. Tavukları tuz, karabiber ve kırmızı biberle tatlandırın. Orta-yüksek ateşte büyük bir tavada tavuğu tereyağında ve enginar turşusunda pişirin.

2. Mantarları ve enginar kalplerini yavaş pişiricinin dibine yerleştirin. Tapyoka serpin. Kızarmış tavuk parçalarını ekleyin. Tavuk suyunu ve şeri ekleyin. Tarhun ekleyin. Kapağı kapatın ve 7-8 saat DÜŞÜK sıcaklıkta veya 3 1/2-4 1/2 saat YÜKSEK sıcaklıkta pişirin.

3. Bölüm 4.

Bir tavada tavuk ve baharatlar

İÇİNDEKİLER

- 4 kemiksiz, derisiz tavuk göğsünün yarısı

- Tatlandırmak için tuz ve taze çekilmiş karabiber

- 4 dilim İsviçre peyniri

- 1 kutu (10 3/4 oz.) yoğunlaştırılmış tavuk suyu

- 1 kutu (10 3/4 oz) konsantre mantar çorbası veya kereviz kreması

- 1 su bardağı tavuk suyu

- 1/4 bardak süt

- 3 bardak otlu streusel sosu

- 1/2 bardak eritilmiş tereyağı

HAZIRLIK

1. Tavuk göğüslerini tuz ve karabiberle tatlandırın ve yavaş tencereye koyun. Tavuk suyunu tavuk göğüslerinin üzerine dökün. Her göğsün üzerine bir dilim İsviçre peyniri koyun.

2. Çorbayı ve sütü bir kasede karıştırın. iyice karıştırın. Çorba karışımını tavukların üzerine dökün. Her şeyi doldurma karışımıyla serpin. Eritilmiş tereyağını dolgu tabakasının üzerine dökün.

3. Kapağını kapatıp kısık ateşte 5-7 saat pişirin.

4. **Not**: Tavuk göğsü çok yağsızdır ve çok uzun süre pişirildiğinde kurur.

5. Yavaş pişiriciye bağlı olarak tavuk, 4 saate kadar mükemmel bir şekilde pişirilebilir. Daha uzun bir pişirme süresi için kemiksiz tavuk budu tarifini deneyin.

Toprak kaplarda güveçte tavuk enchiladas

İÇİNDEKİLER

- 9 mısır ekmeği, 6 inç

- 1 kutu (12-16 ons) bütün mısır taneleri, süzülmüş

- 2-3 su bardağı doğranmış pişmiş tavuk

- 1 çay kaşığı biber tozu

- 1/4 çay kaşığı öğütülmüş karabiber

- 1/2 çay kaşığı tuz veya tadına göre

- 1 kutu (4 ons) doğranmış yeşil biber

- 2 su bardağı rendelenmiş Meksika harman peyniri veya hafif kaşar peyniri

- 2 kutu (her biri 10 ons) enchilada sosu

- 1 kutu (15 ons) siyah fasulye, durulanmış ve suyu süzülmüş

- Guacamole ve ekşi krema

HAZIRLIK

1. Yavaş pişiriciye yapışmaz pişirme spreyi püskürtün.

2. Yavaş pişiricinin dibine 3 tortilla yerleştirin.

3. Mısırı, tavuğun yarısını, iç harcın yaklaşık yarısını ve biberin yarısını tortillanın üzerine koyun.

4. Rendelenmiş peynirin yarısını serpin ve üzerine yaklaşık 3/4 bardak enchilada sosunu dökün.

5. 3 tortilla daha, siyah fasulye, kalan tavuk, soslar, kırmızı biber ve peynirle aynı işlemi tekrarlayın.

1. Kalan tortillalar ve enchilada sosuyla süsleyin.

2. Kapağını kapatıp 5-6 saat DÜŞÜK sıcaklıkta pişirin.

3. Guacamole ve ekşi krema ile servis yapın.

4. 6-8 kişi için.

Bir kasede tavuk enchiladas

İÇİNDEKİLER

- 1 büyük (19 oz.) konserve enchilada sosu

- 6 adet kemiksiz yarım tavuk göğsü

- 2 kutu kremalı tavuk çorbası

- 1 küçük kutu dilimlenmiş siyah zeytin

- 1/2 bardak doğranmış soğan

- 1 kutu (4 oz.) doğranmış tatlı biber

- 16-20 mısır ekmeği

- 16 ons rendelenmiş keskin kaşar peyniri

HAZIRLIK

1. Tavuğu pişirin ve doğrayın. Çorbayı, zeytini, kırmızı biberi ve soğanı karıştırın. Tortillaları dilimler halinde kesin. Crock Pot'u salsa, tortilla, çorba karışımı, tavuk ve peynirle kaplayın, ardından üzerine peynir ekleyin. Kapağı kapatın ve 5-7 saat DÜŞÜK sıcaklıkta pişirin.

2. 8-10 kişi için

Tortilla tenceresinde tavuk

İÇİNDEKİLER

- 4 su bardağı kıyılmış veya lokma büyüklüğünde pişmiş tavuk

- 1 kutu tavuk çorbası

- 1/2 saniye yeşil biber sosu

- 2 yemek kaşığı. hızlı pişirme tapyoka

- 1 orta boy kırmızı soğan, doğranmış

- 1 1/2 saniye rendelenmiş peynir

- 12-15 mısır ekmeği

- Siyah zeytin

- 1 domates, doğranmış

- 2 yemek kaşığı doğranmış yeşil soğan

- Dekorasyon için krem

HAZIRLIK

1. Tavuğu çorba, biber sosu ve tapyoka ile karıştırın. Crock Pot'un tabanını ısırık büyüklüğünde parçalar halinde kesilmiş 3 mısır ekmeği ile hizalayın. Tavuklu karışımın 1/3'ünü ekleyin. 1/3 soğan ve 1/3 rendelenmiş peynir serpin. Tortilla katmanlarını tavuk-soğan-peynir karışımıyla tekrarlayın.

Kapağını kapatıp kısık ateşte 6-8 saat, yüksek ateşte ise 3 saat pişirin. Dilimlenmiş siyah zeytin, doğranmış domates, yeşil soğan ve istenirse ekşi krema ile süsleyin.

Güveçte güveç

İÇİNDEKİLER

- 1 pound kuru fasulye turşusu, durulanmış

- 4 bardak su

- 1 inçlik parçalar halinde kesilmiş 4 kemiksiz, derisiz yarım tavuk göğsü

- 1 inçlik parçalar halinde kesilmiş 8 ons pişmiş jambon

- 3 büyük havuç, ince dilimlenmiş

- 1 su bardağı doğranmış soğan

- 1/2 bardak doğranmış kereviz

- 1/4 bardak iyi paketlenmiş esmer şeker

- 1/2 çay kaşığı tuz

- 1/4 çay kaşığı kuru hardal

- 1/4 çay kaşığı biber

- 1 kutu (8 ons) domates sosu

- 2 yemek kaşığı pekmez

HAZIRLIK

2. Fasulyeleri bir gece boyunca 4 bardak suyla Hollanda fırınında veya büyük su ısıtıcısında bekletin.

3. Fasulyeleri örtün ve yumuşayana kadar yaklaşık 1 1/2 saat buharda pişirin, gerekirse biraz daha su ekleyin.

4. Fasulyeleri ve sıvıyı tencereye ekleyin. Malzemelerin geri kalanını ekleyin; iyice karıştırın.

5. Kapağını kapatıp kısık ateşte 7-9 saat sebzeler yumuşayana kadar pişirin.

6. 6-8 kişi için.

Tavuk ve otlu köfte

İÇİNDEKİLER

- 3 pound derisiz tavuk parçaları

- Tuz biber

- 1/4 bardak doğranmış soğan

- 10 küçük beyaz soğan

- 2 diş sarımsak, kıyılmış

- 1/4 çay kaşığı öğütülmüş mercanköşk

- 1/2 çay kaşığı kurutulmuş, ezilmiş kekik yaprağı

- 1 defne yaprağı

- 1/2 bardak sek beyaz şarap

- 1 bardak sütten yapılmış tatlı krema

- 1 fincan kek karışımı

- 1 yemek kaşığı kıyılmış maydanoz

- 6 yemek kaşığı süt

HAZIRLIK

1. Tavuğu tuz ve karabiber serpin ve yavaş tencereye veya tencereye koyun. Soğanların tamamını tencereye ekleyin. Sarımsak, mercanköşk, kekik, defne yaprağı ve şarabı ekleyin. Kapağını kapatıp 5-6 saat pişirin. Defne yaprağını çıkarın. Ekşi krema ile doldurun. Isıyı en yükseğe çıkarın ve kraker karışımını ve maydanozu ekleyip karıştırın. Sütü iyice nemlendirilinceye kadar kek karışımına karıştırın. Köfteleri kaşıktan kasenin kenarına bırakın. Gnocchi bitene kadar kapağını kapatıp 30 dakika daha pişirin.

Izgara tavuk

İÇİNDEKİLER

- 2 adet kemiksiz, derisiz tavuk göğsü filetosu

- 1 1/2 bardak ketçap

- 3 yemek kaşığı esmer şeker

- 1 yemek kaşığı Worcestershire sosu

- 1 yemek kaşığı soya sosu

- 1 yemek kaşığı elma sirkesi

- 1 çay kaşığı kırmızı biber gevreği, öğütülmüş veya tadına göre

- 1/2 çay kaşığı sarımsak tozu

HAZIRLIK

1. Sos için tüm malzemeleri yavaş tencerede karıştırın. Tavuğu ekleyin; Ters çevirin ve sosla iyice kaplayın.

2. Tam güçte 3-4 saat veya tavuk tamamen pişene kadar pişirin. Tavuğu rendeleyin veya rendeleyin ve tenceredeki sosa ekleyin. Tüm parçaları kaplamak için iyice karıştırın.

3. Tavuğun ısınmaması ve sert rulolar halinde servis edilmesi için yavaş pişiriciyi kısık ateşte tutabilirsiniz.

4. Lezzetli!

Izgara tavuk

İÇİNDEKİLER

- Parçalara veya dörde bölünmüş 1 dilim tavuk

- 1 kutu konsantre domates çorbası

- 3/4 saniye doğranmış soğan

- 1/4 saniye sirke

- 3 yemek kaşığı. esmer şeker

- 1 yemek kaşığı. Worcester sosu

- 1/2 çay kaşığı. Tuz

- 1/4 çay kaşığı. reyhan

- bir tutam kekik

HAZIRLIK

1. Tavuğu yavaş tencereye yerleştirin. Diğer malzemeleri karıştırıp tavukların üzerine dökün. Sıkıca kapatın ve 6-8 saat DÜŞÜK sıcaklıkta pişirin. 4 kişilik.

Tavuk Crockpot Biber

İÇİNDEKİLER

• 2 su bardağı geceden ıslatılmış kuru bakla

• 3 bardak kaynar su

• 1 su bardağı doğranmış soğan

• 2 diş sarımsak, kıyılmış

• 2 veya 3 kutu jalapeno biberi, doğranmış (turşusu işe yarar)

• 1 yemek kaşığı öğütülmüş kimyon

• 1 çay kaşığı biber tozu

• 1 ila 1 1/2 pound kemiksiz tavuk göğsü, 1 inçlik parçalar halinde kesilmiş

• 2 küçük kabak veya kabak, doğranmış

• 1 kutu bütün mısır (12-15 ons), süzülmüş

• 1/2 bardak ekşi krema

• 2 1/4 çay kaşığı tuz

• 1 yemek kaşığı limon suyu

• 1/4 bardak doğranmış taze kişniş ve istenirse biraz garnitür

• 1 adet domates, küçük parçalar halinde kesilmiş, dekorasyon veya kokteyl domatesi için ikiye bölünmüş

• Dekorasyon için krem

HAZIRLIK

1. Fasulyeleri ve kaynar suyu yavaş bir tencerede birleştirin. Diğer malzemeleri hazırlarken dinlenmeye bırakın. Tencereye doğranmış soğanı, kıyılmış sarımsağı, jalapeño biberini, kimyonu ve kırmızı biber tozunu ekleyin. Tavuğu üstüne yerleştirin. Küp küp doğradığınız balkabağını tencereye ekleyin. Fasulyeler yumuşayıncaya kadar kapağını kapatıp 7-8 saat pişirin. Mısır, ekşi krema, tuz, limon suyu ve doğranmış kişnişi karıştırın. Kaselere dökün. İsterseniz bir çorba kaşığı ekşi krema, doğranmış domates ve doğranmış taze kişniş ile süsleyin.

Crockpot Tavuk Chow Mein

İÇİNDEKİLER

- 1 1/2 pound kemiksiz tavuk göğsü, 1 inçlik parçalar halinde kesilmiş

- 1 yemek kaşığı bitkisel yağ

- 1 1/2 su bardağı doğranmış kereviz

- 1 1/2 su bardağı rendelenmiş havuç

- 6 adet taze soğan, doğranmış

- 1 su bardağı tavuk suyu

- 1/3 bardak soya sosu

- 1/4 çay kaşığı öğütülmüş kırmızı biber veya tadı

- 1/2 çay kaşığı öğütülmüş zencefil

- 1 diş sarımsak, doğranmış

- 1 kutu (yaklaşık 12-15 ons) fasulye filizi, süzülmüş

- 1 kutu (8 oz.) doğranmış su kestanesi, süzülmüş

- 1/4 bardak mısır nişastası

- 1/3 bardak su

HAZIRLIK

1. Tavuk parçalarını geniş bir tavada kızartın. Kavrulmuş tavuğu yavaş tencereye ekleyin. Mısır nişastası ve su dışındaki diğer malzemeleri ekleyin. Sallamak. Kapağı kapatın ve 6-8 saat DÜŞÜK sıcaklıkta pişirin. Yavaş pişiriciyi YÜKSEK olarak ayarlayın. Mısır nişastasını ve suyu küçük bir kasede birleştirin ve eriyene ve pürüzsüz hale gelinceye kadar karıştırın. Yavaş pişiriciden gelen sıvıları karıştırın. Buharın çıkmasını sağlamak için kapağı hafifçe açık tutun ve koyulaşana kadar yaklaşık 20-30 dakika pişirin.

2. Pirinçle veya erişteyle servis yapın. 5 qt karşılığında iki katına çıkarılabilir. Yavaş pişiriciler/tencereler.

Crockpot Tavuk Cordon Bleu

İÇİNDEKİLER

- 4-6 tavuk göğsü (ince dövülmüş)

- 4-6 parça jambon

- 4-6 dilim İsviçre peyniri veya mozarella

- 1 kutu mantar çorbası (herhangi bir kremalı çorba kullanabilirsiniz)

- 1/4 bardak süt

HAZIRLIK

1. Tavuğa jambon ve peynir ekleyin. Rulo yapıp kürdan yardımıyla sabitleyin. Tavuğu yavaş pişiriciye/tencereye üçgen gibi görünecek şekilde yerleştirin/_\Gerisini örtün. Çorbayı sütle karıştırın; tavuğun üzerine dökün. Örtün ve tavuk artık pembe olmayana kadar 4 saat pişirin. Hazırladığınız sos makarnanın üzerine dökülerek servis edilir.

2. Teresa'nın yorumu: Bu şimdiye kadar denediğim en iyi tarif, çok lezzetli.

Güveçte Tavuk Cordon Bleu II

İÇİNDEKİLER

- 6 adet tavuk göğsü mezesi

- 6 dilim jambon

- 6 dilim İsviçre peyniri

- 1/2 saniye un

- 1/2 saniye parmesan peyniri

- 1/2 çay kaşığı. Tuz

- 1/4 çay kaşığı. biber

- 3 yemek kaşığı sıvı yağ

- 1 kutu tavuk çorbası

- 1/2 bardak sek beyaz şarap

HAZIRLIK

1. Tavuk göğsünün her iki yanını streç film arasına yerleştirin ve eşit kalınlıkta oluncaya kadar hafifçe dövün. Her tavuk göğsüne bir dilim jambon ve bir dilim İsviçre peyniri koyun; Kürdan veya mutfak ipi ile yuvarlayıp sabitleyin. Bir kapta un, parmesan, tuz ve karabiberi karıştırın. Tavuğu Parmesan-un karışımıyla kaplayın; 1 saat buzdolabında bekletin. Tavuk soğuduktan sonra tavayı 3 yemek kaşığı yağla ısıtın. Tavuğu her taraftan kızartın.

2. Tavuk suyunu ve şarabı bir tencerede birleştirin. Kızartılmış tavuğu ekleyin ve DÜŞÜK ayarda 4 1/2 ila 5 saat veya YÜKSEK ayarda yaklaşık 2 1/2 saat pişirin. Sosu un ve soğuk su karışımıyla koyulaştırın (yaklaşık 2 yemek kaşığı unu 2 yemek kaşığı soğuk suyla karıştırın). Karışım koyulaşana kadar yaklaşık 20 dakika daha pişirin.

3. 6 kişilik.

Crockpot Tavuk Butları

İÇİNDEKİLER

•

12-16 tavuk budu, derisi alınmış

•

1 bardak akçaağaç şurubu

•

1/2 bardak soya sosu

• 1 kutu (14 ons) kızılcık sosu

• 1 çay kaşığı Dijon hardalı

• 1 yemek kaşığı mısır nişastası

• 1 yemek kaşığı soğuk su

• İsteğe bağlı olarak doğranmış yeşil soğan veya doğranmış taze kişniş

HAZIRLIK

1. Butların derisinin çıkmasını istiyorsanız tavuğu büyük bir tencereye koyun, üzerini suyla örtün ve yüksek ateşte kaynatın. Yaklaşık 5 dakika pişmesine izin verin. Pişirme ciltteki fazla yağın bir kısmını uzaklaştırır.

2. Tavuğu çıkarın, kurulayın ve bacaklarını yavaş pişiriciye yerleştirin.

3. Akçaağaç şurubu, soya sosu, kızılcık sosu ve hardalı bir kasede karıştırın. Üst kısmını çubuklarla yayın.

4. Kapağı kapatın ve 6-7 saat DÜŞÜK sıcaklıkta veya yaklaşık 3 saat YÜKSEK sıcaklıkta pişirin. Tavuk çok yumuşak olmalı ama tamamen pul pul olmamalıdır.

5. Tavuk bacaklarını bir tabağa koyun ve sıcak tutun.

6. Mısır nişastasını ve soğuk suyu bir fincan veya küçük kasede karıştırın. Pürüzsüz olana kadar karıştırın.

7. Yavaş pişiriciyi yüksek seviyeye getirin ve mısır nişastası karışımını ekleyin. Kalınlaşana kadar pişirin, yaklaşık 10 dakika.

8. Ya da sıvıyı bir tencereye koyup kaynatın. Mısır nişastasını ilave edin ve sos koyulaşana kadar bir iki dakika karıştırarak pişirin.

9. İstenirse dilimlenmiş yeşil soğan veya kıyılmış kişniş ile servis yapın.

10. Varyasyonlar

11. Bunun yerine kemikli tavuk budu veya but kullanın. Pişirmeden önce cildi çıkarın.

12. But yerine 6-8 adet derisiz bütün tavuk but kullanın.

Crockpot Tavuk Fricassee Tarifi

İÇİNDEKİLER

- 1 kutu yoğunlaştırılmış tavuk çorbası, az yağlı veya sağlıklı çorba

- 1/4 bardak su

- 1/2 bardak doğranmış soğan

- 1 çay kaşığı toz kırmızı biber

- 1 çay kaşığı limon suyu

- 1 çay kaşığı kurutulmuş biberiye, doğranmış

- 1 çay kaşığı kekik

- 1 çay kaşığı maydanoz gevreği

- 1 çay kaşığı tuz

- 1/4 çay kaşığı biber

- 4 adet kemiksiz, derisiz yarım tavuk göğsü

- Yapışmaz pişirme spreyi

- Frenk soğanlı mantı

- 3 yemek kaşığı katı yağ

- 1 1/2 su bardağı un

- 2 çay kaşığı. kabartma tozu

- 3/4 çay kaşığı. Tuz

• 3 yemek kaşığı taze doğranmış frenk soğanı veya maydanoz

• 3/4 bardak yağsız süt

HAZIRLIK

1. Yavaş pişiriciye yapışmaz pişirme spreyi püskürtün. Tavuğu yavaş tencereye yerleştirin.

2. Et suyu, su, soğan, kırmızı biber, limon suyu, biberiye, kekik, maydanoz, 1 çay kaşığı tuz ve karabiberi karıştırın; tavuğun üzerine dökün. Kapağı kapatın ve 6-7 saat DÜŞÜK sıcaklıkta pişirin. Gnocchi'yi servis yapmadan bir saat önce hazırlayın (aşağıya bakın).

3. Gnocchi:

4. Bir mikser veya çatal kullanarak kuru malzemeleri birleştirin ve karışım iri un gibi görünene kadar karıştırın.

5. Frenk soğanı veya maydanozu ve sütü ekleyin; İyice karıştırın. Üzerine sıcak tavuk ve sos ekleyin. Gnocchi pişene kadar üzerini örtün ve YÜKSEK ayarda 25 dakika daha pişirin. Patates püresi veya makarna ve sebze veya salata ile servis yapın.

Crockpot Tavuk Reuben Güveç

İÇİNDEKİLER

- 2 torba (her biri 16 ons) lahana turşusu, durulanmış ve suyu süzülmüş

- 1 fincan hafif veya düşük kalorili Rus salatası sosu, bölünmüş

- 6 kemiksiz, derisiz yarım tavuk göğsü

- 1 yemek kaşığı hazır hardal

- 4-6 dilim İsviçre peyniri

- dekorasyon için taze maydanoz (isteğe bağlı)

HAZIRLIK

1. Lahana turşusunun yarısını 3 1/2 litrelik elektrikli yavaş pişiriciye yerleştirin. Yaklaşık 1/3 bardak sosla gezdirin. Üstüne 3 yarım tavuk göğsü koyun ve hardalı tavuğun üzerine yayın. Kalan lahana turşusu ve tavuk göğsü ile süsleyin. Yemeğin üzerine bir bardak daha sos dökün. Kalan sosu servis yapana kadar buzdolabında saklayın. Kapağını kapatın ve tavuk tamamen beyaz ve yumuşak oluncaya kadar yaklaşık 3 1/2 ila 4 saat pişirin.

2. Servis yaparken güveci 6 tabağa bölün. Bir dilim peynirle süsleyin ve üzerine birkaç çay kaşığı Rus sosu gezdirin. Hemen servis yapın, tadına göre taze maydanozla süsleyin.

3. 6 kişilik.

Enginarlı tavuk güveç

İÇİNDEKİLER

- 1/2 ila 2 pound kemiksiz, derisiz yarım tavuk göğsü

- 8 ons dilimlenmiş taze mantar

- 1 kutu (14,5 oz.) doğranmış domates

- 1 paket dondurulmuş enginar, 8 ila 12 ons

- 1 su bardağı tavuk suyu

- 1/2 bardak doğranmış soğan

- 1 kutu (3-4 oz.) olgun zeytin, dilimlenmiş

- 1/4 bardak sek beyaz şarap veya tavuk suyu

- 3 yemek kaşığı hazır tapyoka

- 2 çay kaşığı köri tozu veya tadına göre

- 3/4 çay kaşığı kurutulmuş kekik, doğranmış

- 1/4 çay kaşığı tuz

- 1/4 çay kaşığı biber

- 4 bardak sıcak pişmiş pirinç

HAZIRLIK

1. Tavuğu durulayın; boşaltın ve bir kenara koyun. 3 1/2 ila 5 litrelik yavaş pişiricide mantarları, domatesleri, enginar kalplerini, tavuk suyunu, doğranmış soğanı, dilimlenmiş zeytinleri ve şarabı birleştirin. Tapyoka, köri tozu, kekik, tuz ve karabiberi karıştırın. Tencereye tavuk ekleyin; Domates karışımının bir kısmını tavuğun üzerine dökün.

2. Kapağı kapatın ve 7-8 saat DÜŞÜK seviyede veya 3 1/2-4 saat YÜKSEK seviyede pişirin. Sıcak haşlanmış pirinçle servis yapın.

3. 6-8 porsiyon yapar.

Dijon Hardallı Crockpot Tavuk

İÇİNDEKİLER

- 4-6 kemiksiz tavuk göğsü filetosu

- 2 yemek kaşığı Dijon hardalı

- 1 kutu %98 yağsız mantar çorbası

- 2 çay kaşığı mısır nişastası

- bir tutam karabiber

HAZIRLIK

1. Tavuk göğsü yarımlarını yavaş pişirici aparatına yerleştirin.

2. Diğer malzemeleri karıştırıp tavuğun üzerine dökün.

3. Kapağını kapatıp düşük sıcaklıkta 6-8 saat pişirin.

Pirinçli tavuk güveç

İÇİNDEKİLER

• 4-6 kemiksiz, derisiz tavuk göğsü filetosu

• 1 kutu (10 3/4 ons) yoğunlaştırılmış mantar çorbası veya kremalı tavuk çorbası

• 1/2 bardak su

• 3/4 bardak değiştirilmiş pirinç, çiğ

• 1 1/2 bardak tavuk suyu

• 1 veya 2 bardak dondurulmuş yeşil fasulye (çözülmüş)

HAZIRLIK

1. Tavuk göğüslerini bir kaseye koyun. Kremalı mantar çorbası ve 1/2 bardak su ekleyin.

2. 3/4 su bardağı pirinç ve tavuk suyunu ekleyin.

3. Yeşil fasulyeleri ekleyin.

4. Kapağını kapatıp, tavuk yumuşayana ve pirinç yumuşayana kadar 6 saat kısık ateşte pişirin.

4-6 kişiye hizmet vermektedir.

Domatesli tavuk güveç

İÇİNDEKİLER

- 4-6 tavuk göğsü

- 2 adet dilimlenmiş yeşil biber

- 1 kutu doğranmış haşlanmış domates

- 1/2 şişe İtalyan sosu (tadına göre yağı azaltılmış)

HAZIRLIK

1. Tavuk göğsünü, yeşil biberi, haşlanmış domatesi ve İtalyan baharatlarını yavaş tencereye veya tencereye koyun ve bütün gün (6-8 saat) kısık ateşte pişirin.

2. Bu domatesli kızarmış tavuk tarifi Florida'da Myron tarafından paylaşıldı

Güveç Kolalı Tavuk

İÇİNDEKİLER

- 1 bütün tavuk, yaklaşık 3 pound

- 1 bardak ketçap

- 1 büyük kırmızı soğan, ince dilimlenmiş

- 1 bardak Cola, Cola, Pepsi, Dr. Pepper vb.

HAZIRLIK

1. Tavuğu yıkayıp kurulayın. Tatmak için biber ve tuz. Tavuğu, üzerine soğan gelecek şekilde Güveç Tenceresine yerleştirin. Kola ve ketçapı ekleyip DÜŞÜK ayarda 6-8 saat pişirin. Eğlenmek!

2. Molly'nin Yazdığı

Crockpot Tavuk Kreyolu

İÇİNDEKİLER

• 1 pound kemiksiz, derisiz tavuk budu, 1 inçlik parçalar halinde kesilmiş

• 1 kutu (14,5 ons) domates suyu

• 1 1/2 bardak tavuk suyu

• 8 ons tam pişmiş tütsülenmiş sosis, dilimlenmiş

• 1/2 ila 1 bardak doğranmış pişmiş jambon

• 1 su bardağı doğranmış soğan

• 1 kutu (6 ons) domates salçası

• 1/4 bardak su

• 1 1/2 çay kaşığı creole sosu

• birkaç damla Tabasco veya başka biber sosu

• 2 bardak çiğ hazır pirinç •

• 1 su bardağı doğranmış yeşil biber

HAZIRLIK

1. Yavaş pişiricide tavuk, domates, et suyu, sosis, jambon, soğan, domates salçası, su, baharatlar ve Tabasco sosunu birleştirin. Kapağı kapatın ve 5-6 saat DÜŞÜK sıcaklıkta pişirin.

2. Pirinci ve yeşil biberleri tencereye ekleyin ve 10 dakika daha veya pirinç yumuşayana ve sıvının çoğunu emene kadar pişirin.

3. İstenirse 1 1/2 bardak sade uzun taneli pirinç hazırlayın ve tavuk karışımıyla servis yapın.

4. 6 kişilik.

Dolgulu baharatlı tavuk güveç

İÇİNDEKİLER

• 1 kutu (10 1/2 oz) Sebzeli Kremalı Tavuk Çorbası

• 1 kutu (10 1/2 ons) kremalı kereviz veya kremalı tavuk çorbası

• 1/2 bardak sek beyaz şarap veya tavuk suyu

• 1 çay kaşığı kurutulmuş maydanoz gevreği

• 1 çay kaşığı kurutulmuş, ezilmiş kekik yaprağı

• 1/2 çay kaşığı tuz

• Bir tutam karabiber

• 2 veya 2 1/2 bardak terbiyeli doldurma kırıntıları, yaklaşık 6 ons, bölünmüş

• 4 yemek kaşığı tereyağı, bölünmüş

• 6-8 kemiksiz, derisiz tavuk göğsü filetosu

HAZIRLIK

1. Çorbaları, şarabı veya et suyunu, maydanozu, kekiği, tuzu ve karabiberi karıştırın.

2. Tavuğu yıkayın ve kurulayın.

3. 5-7 litrelik yavaş pişirici kalıbını hafifçe yağlayın.

4. Tavanın tabanına yaklaşık 1/2 bardak dolgu kırıntısı serpin ve yaklaşık bir çorba kaşığı tereyağıyla fırçalayın.

5. Tavuğun yarısını ve ardından kalan dolgu kırıntılarının yarısını kaplayın. Kalan tereyağının yarısını fırçayla sürün ve çorba karışımının yarısını üzerine dökün.

6. Kalan tavuk, doldurma kırıntıları, tereyağı ve çorba karışımıyla aynı işlemi tekrarlayın.

7. Kapağını kapatıp 5-7 saat veya tavuk yumuşayana kadar kısık ateşte pişirin.

6-8 kişilik.

Dolgulu baharatlı tavuk güveç

İÇİNDEKİLER

- 1 kutu (10 1/2 oz) Sebzeli Kremalı Tavuk Çorbası

- 1 kutu (10 1/2 ons) kremalı kereviz veya kremalı tavuk çorbası

- 1/2 bardak sek beyaz şarap veya tavuk suyu

- 1 çay kaşığı kurutulmuş maydanoz gevreği

- 1 çay kaşığı kurutulmuş, ezilmiş kekik yaprağı

- 1/2 çay kaşığı tuz

- Bir tutam karabiber

- 2 veya 2 1/2 bardak terbiyeli doldurma kırıntıları, yaklaşık 6 ons, bölünmüş

- 4 yemek kaşığı tereyağı, bölünmüş

- 6-8 kemiksiz, derisiz tavuk göğsü filetosu

HAZIRLIK

1. Çorbaları, şarabı veya et suyunu, maydanozu, kekiği, tuzu ve karabiberi karıştırın.

2. Tavuğu yıkayın ve kurulayın.

3. 5-7 litrelik yavaş pişirici kalıbını hafifçe yağlayın.

4. Tavanın tabanına yaklaşık 1/2 bardak dolgu kırıntısı serpin ve yaklaşık bir çorba kaşığı tereyağıyla fırçalayın.

5. Tavuğun yarısını ve ardından kalan dolgu kırıntılarının yarısını kaplayın. Kalan tereyağının yarısını fırçayla sürün ve çorba karışımının yarısını üzerine dökün.

1. Kalan tavuk, dolma kırıntıları, tereyağı ve çorba karışımıyla aynı işlemi tekrarlayın.

2. Kapağını kapatıp kısık ateşte 5-7 saat veya tavuk yumuşayana kadar pişirin.

6-8 kişilik.

İtalyan Güveçte Tavuk

İÇİNDEKİLER

• 4 kilo tavuk parçası

• 3 yemek kaşığı zeytinyağı

• 2 soğan, dilimlenmiş

• 1 çay kaşığı tuz

• 1/2 çay kaşığı taze çekilmiş biber

• 2 sap kereviz, doğranmış

• 2 su bardağı doğranmış patates

• 1 kutu (14,5 ons) doğranmış domates, suyu süzülmemiş

• 1 çay kaşığı kurutulmuş kekik yaprağı

• 1 yemek kaşığı kurutulmuş maydanoz gevreği

• 1 bardak dondurulmuş bezelye (çözülmüş)

HAZIRLIK

1. Tavuk parçalarını kızgın yağda kızartın. Tuz, karabiber ve soğanı ekleyip 5 dakika daha kızartın. Kereviz ve patatesleri yavaş pişiricinin dibine yerleştirin ve tavuk, soğan ve kahverengi domatesleri, meyve suları, kekik ve maydanozla birlikte ekleyin. Kapağını kapatıp kısık ateşte 6-8 saat pişirin. Son 30 dakikada bezelyeleri ekleyin.

2. 6 kişilik.

Tavuklu Güveç Lima Fasulyesi

İÇİNDEKİLER

- 3-4 kiloluk tavuk parçaları

- Tuz biber

- 1 yemek kaşığı bitkisel yağ

- 1 inçlik küpler halinde kesilmiş 2 büyük patates

- 1 paket dondurulmuş lima fasulyesi (çözülmüş)

- 1 su bardağı tavuk suyu

- 1/4 çay kaşığı kurutulmuş, ezilmiş kekik yaprağı

HAZIRLIK

1. Tavuğu tuz ve karabiberle tatlandırın. Yağı ve tereyağını büyük bir tavada ısıtın; Tavuk göğsünü her iki tarafı da altın rengi kahverengi olana kadar kızartın. Tavukları diğer malzemelerle birlikte tencereye ekleyin. Kapağını kapatıp tavuklar yumuşayana kadar 4-6 saat pişirin.

2. Bölüm 4.

Crockpot Makarna ve Peynir Lokumu

İÇİNDEKİLER

• 1 şişe Alfredo sosu

• Sağlıklıysa 1 kutu mantar çorbası

• 1 (7 oz.) konserve ton balığı veya tavuk, süzülmüş veya kalan pişmiş tavuk veya eti kullanın

• 1/4 çay kaşığı köri tozu

• 1 ila 1 1/2 bardak dondurulmuş karışık sebze

• 1 1/2 bardak rendelenmiş İsviçre peyniri

• 4 bardak pişmiş makarna (makarna, papillon, istiridye)

HAZIRLIK

1. İlk 5 malzemeyi karıştırın; Kapağı kapatın ve 4-5 saat DÜŞÜK sıcaklıkta pişirin. Son saatte İsviçre peynirini karışıma ekleyin. Makarnayı paketin üzerindeki talimatlara göre pişirin; Drenaj yapın ve yavaş bir tencereye koyun. Ayrıca pişmiş veya konserve tavuk, kalan jambon veya sadece ekstra sebzelerle de iyi gider!

2. Bölüm 4.

İlk çıkış tavuk ve doldurulmuş tencere

İÇİNDEKİLER

- 1 paket hazırlanmış bitki aromalı dolgu karışımı

- 4-6 kemiksiz tavuk göğsü filetosu veya derisiz, kemiksiz tavuk budu •

- 1 kutu (10 3/4 oz) yoğunlaştırılmış kremalı tavuk suyu, seyreltilmemiş

- 1 kutu (3-4 ons veya daha fazla) dilimlenmiş, kurutulmuş mantar

HAZIRLIK

1. Yavaş pişirici parçanın altını ve yanlarını gresleyin.

2. Tereyağı ve sıvı ile paketlenmiş (veya ev yapımı) dolguyu paketin üzerindeki talimatlara göre yapın.

3. Hazırlanan dolguyu yavaş pişiricinin tereyağlı tabanına yerleştirin.

4. Tavuk parçalarını doldurma karışımının üzerine yerleştirin. Tavuklar üst üste gelebilir ancak mümkün olduğunca az düzenlemeye çalışın. Yeriniz varsa daha fazla tavuk kullanabilirsiniz.

5. Yoğunlaştırılmış tavuk suyunu tavuğun üzerine dökün. Dilerseniz kremalı mantar veya kereviz kreması da kullanabilirsiniz. Mantarlarla tamamlayın. Mantarları çorbayla kaplamak için biraz karıştırdığınızdan emin olun.

6. Kapağını kapatıp kısık ateşte 5-7 saat pişirin.

7. • Tavuk göğüsleri uzun süre pişirilirse kuruyabilir, bu nedenle önce kontrol edin. But, tavuk göğsünden daha kalın olduğundan daha uzun süre pişirilebilir.

Kral Diana Tavuğu

İÇİNDEKİLER

* 1 1/2 ila 2 pound kemiksiz tavuk

* 1-1 1/2 bardak kibrit çöpü şeklinde kesilmiş havuç

* 1/2 inçlik parçalar halinde kesilmiş 1 demet yeşil soğan (yeşil soğan)

* 1 kavanoz Kraft Pimiento veya Pimento Zeytin Krem Peynir Ezmesi (5 oz.)

* 1 kutu %98 yağsız tavuk çorbası

* 2 yemek kaşığı kuru şeri (isteğe bağlı)

* Tatmak için biber ve tuz

HAZIRLIK

1. Tüm malzemeleri yavaş pişiriciye/tencereye (3 1/2 litre veya daha büyük) listelenen sıraya göre yerleştirin. Karıştırın. Kapağını kapatıp kısık ateşte 7-9 saat pişirin. Pirinç, kızarmış ekmek veya kraker ile servis yapın.

2. 6-8 kişi için.

Dereotu sebzeli tavuk

İÇİNDEKİLER

• 1 ila 1 1/2 pound tavuk kanadı, 1 inçlik parçalar halinde kesilmiş

• 1 yemek kaşığı kurutulmuş, doğranmış soğan (veya ince doğranmış soğan)

• 1 kutu normal veya az yağlı %98 mantar çorbası

• 1 paket (1 ons) mantar suyu (tavuk veya köy sosuyla değiştirilebilir)

• 1 bardak bebek havuç

• 1/2-1 çay kaşığı dereotu

• tatlandırılmış tuz ve karabiber

• 1 bardak dondurulmuş bezelye

HAZIRLIK

1. İlk 7 malzemeyi yavaş pişiricide/tencerede birleştirin; Kapağını kapatıp 6-8 saat pişirin. Son 30-45 dakikada donmuş bezelyeleri ekleyin. Pirinç veya patates püresi ile servis yapın.

2. Bölüm 4.

Don tatlı ve ekşi tavuk

İÇİNDEKİLER

- 2-4 derisiz tavuk göğsü filetosu

- 1 büyük soğan, kabaca doğranmış

- 2 adet iri doğranmış biber (biri yeşil, biri kırmızı)

- 1 bardak brokoli çiçeği

- 1/2 bardak havuç parçaları

- 1 büyük kutu doğranmış ananas (suyu süzülmüş)

- 1/4-1/2 su bardağı esmer şeker (normal şeker de kullanılabilir)

- Su/şarap/beyaz üzüm suyu/portakal suyu vb. gerekirse ilave sıvı değişimi için

- Elde edilen sıvının fincanı başına 1 yemek kaşığı mısır nişastası

- İsteğe göre acı sos

- İsteğe göre tuz ve karabiber

- Tarçın, isteğe bağlı

- Yenibahar, isteğe bağlı

- Karanfil, isteğe bağlı

- Köri tozu, isteğe bağlı

HAZIRLIK

1. Tavuk göğüslerini yavaş tencereye veya tencereye yerleştirin. Soğanı, biberi, brokoliyi ve havuçları ekleyin. Şeker topakları, sıvılar, baharatlar, mısır nişastası ve şeker içermeyen, iyice birleşene kadar karıştırın. Tavuğun üzerine dökün. Meyve suyu yeterli değilse, istediğiniz seviyeye ulaşmak için en sevdiğiniz sıvıyı ekleyin. (AMA NOT: Yavaş pişiriciye eklemeden önce her ilave bardak sıvı için ilave bir çorba kaşığı mısır nişastası ekleyin.)

2. Kapağını kapatıp düşük sıcaklıkta 6-8 saat pişirin. Bazen tarifi değiştirip biraz daha az şekerli meyve smoothieleri, ananas veya kayısı konserveleri, belki portakal marmelatı kullanıyorum. (Konserve kullandıysanız mısır nişastasına ve tabii ki şekere ihtiyacınız olmaz. Hayal gücünüzü kullanın. Acı tatlının aslında meyve suyu ve sirke olduğunu unutmayın.

Kolay Yavaş Tencere Peynirli Tavuk

İÇİNDEKİLER

• 6 kemiksiz, derisiz yarım tavuk göğsü

• Tatmak için biber ve tuz

• Tatlandırmak için sarımsak tozu

• 2 kutu yoğunlaştırılmış tavuk çorbası

• 1 kutu yoğunlaştırılmış çedar peyniri çorbası

HAZIRLIK

1. Tavuğu durulayın ve üzerine tuz, karabiber ve sarımsak tozu serpin. Seyreltilmemiş çorbayı karıştırın ve tavukla birlikte tencereye dökün.

2. Kapağını kapatıp düşük sıcaklıkta 6-8 saat pişirin.

3. Pilav veya makarna ile servis yapın.

4. 6 kişilik.

Kolay Tavuk Cacciatore

İÇİNDEKİLER

- 1 tavuk, kıyılmış, 3-3 1/2 pound

- 1 şişe spagetti sosu

- doğranmış soğan

- dilimlenmiş mantarlar

- doğranmış yeşil biber

- Tuz biber

- Acı biber parçaları

HAZIRLIK

1. Yavaş pişiriciye/kaseye bütün bir parçalanmış tavuğu (3-3 1/2 pound) ekleyin. Bir şişe spagetti sosuna biraz doğranmış soğan, mantar ve yeşil biber ekleyin. Tatmak için biber ve tuz. (Bu küçük biber pullarını da kullanıyorum.)

2. Bütün gün (7-9 saat) kısık ateşte pişirin. Makarna veya spagetti ile servis yapın.

Kolay Tavuklu Makarna Sosu

İÇİNDEKİLER

• 1 kiloluk tavuk fileto veya tavuk göğsü, doğranmış

• 1 kutu (15 oz.) doğranmış domates

• 1 küçük (6 ons) kutu domates salçası

• 1 adet doğranmış kereviz sapı

• 1/4 bardak doğranmış soğan

• 1/2 bardak doğranmış veya rendelenmiş havuç, konserve veya yumuşayana kadar pişirilmiş

• 1/2 çay kaşığı kekik

• 1/2 çay kaşığı tuz

• 1/4 çay kaşığı biber

• 1/2 çay kaşığı sarımsak tozu

• bir tutam şeker veya başka bir tatlandırıcı (isteğe bağlı veya tadına göre)

HAZIRLIK

1. Tüm malzemeleri yavaş pişiricide veya tencerede birleştirin. Kapağını kapatıp kısık ateşte 6-8 saat pişirin. Servis yapmadan yaklaşık 30 dakika önce, tadın ve üst malzemeyi ayarlayın, gerekirse inceltmek için biraz su ekleyin. Bu kolay tavuk göğsü tarifini spagetti, fettuccine veya diğer makarnalarla birlikte servis edin.

2. Bu kolay tavuk tarifi 4 kişiliktir.

Bademli basit tavuk

İÇİNDEKİLER

- 4-6 tavuk göğsü, yıkanmış, derisiz

- 1 kutu (10 3/4 oz) tavuk çorbası

- 1 yemek kaşığı limon suyu

- 1/3 bardak mayonez

- 1/2 bardak ince dilimlenmiş kereviz

- 1/4 bardak doğranmış soğan

- 1/4 bardak süzülmüş, ezilmiş kırmızı biber

- 1/2 bardak kıyılmış veya dilimlenmiş badem

- isteğe bağlı doğranmış taze maydanoz

HAZIRLIK

1. Tavuk göğüslerini yavaş pişiricinin dibine yerleştirin. Çorba, limon suyu, mayonez, kereviz, soğan ve kırmızı biberi bir kasede birleştirin; tavuk göğüslerinin üzerine dökün. Kapağını kapatın ve tavuk yumuşayana kadar 5 ila 7 saat pişirin (kemiksiz tavuk göğsü yarımları, kemiksiz tavuk göğsü yarımlarından daha az zaman alır). Tavuk göğüslerini bir kaseye koyun ve üzerine tavadaki suyu dökün. Tadına badem ve maydanoz serpin.

2. Sıcak haşlanmış pirinç ve buharda pişirilmiş brokoli ile servis yapın.

3. 4-6 kişi için.

Cassoulet Kolay Crockpot

İÇİNDEKİLER

- 1 yemek kaşığı sızma zeytinyağı

- 1 büyük soğan, doğranmış

- 4 kemiksiz, derisiz tavuk budu, kabaca doğranmış

- 1/4 pound pişmiş tütsülenmiş sosis, örn. Örn. kielbasa veya spicier andouille, doğranmış

- 3 diş sarımsak, kıyılmış

- 1 çay kaşığı kurutulmuş kekik yaprağı

- 1/2 çay kaşığı karabiber

- 4 yemek kaşığı domates salçası

- 2 yemek kaşığı su

- 3 kutu (her biri yaklaşık 15 ons) bakla, durulanmış ve suyu süzülmüş

- 3 yemek kaşığı kıyılmış taze maydanoz

HAZIRLIK

1. Zeytinyağını büyük bir tavada orta-yüksek ateşte ısıtın.

2. Soğanı sıcak yağa ekleyin ve soğan yumuşayana kadar yaklaşık 4 dakika karıştırarak pişirin.

3. Tavuğu, sosisi, sarımsağı, kekiği ve biberi ekleyin. 5-8 dakika veya tavuk ve sosis altın rengi kahverengi olana kadar pişirin.

4. Salçayı ve suyu ekleyin; Yavaş tencereye ekleyin. Fasulyeleri tavuk karışımına karıştırın; Kapağını kapatın ve 4-6 saat boyunca DÜŞÜK sıcaklıkta pişirin.

5. Servis yapmadan önce kutuya kıyılmış maydanoz serpin.

6. Servis 6.

Cindy'den Kolay Crockpot Tavuk Santa Fe

İÇİNDEKİLER

- 1 kutu (15 ons) siyah fasulye, durulanmış ve suyu süzülmüş

- 2 kutu (15 ons) bütün mısır, süzülmüş

- En sevdiğiniz 1 bardak kalın tıknaz şişelenmiş sos

- 5 veya 6 kemiksiz, derisiz yarım tavuk göğsü (yaklaşık 2 pound)

- 1 su bardağı rendelenmiş kaşar peyniri

HAZIRLIK

1. Siyah fasulyeyi, mısırı ve 1/2 bardak salsayı 3 1/2 ila 5 litrelik yavaş pişiricide birleştirin.

2. Tavuk göğüslerini kapatın ve kalan 1/2 bardak sosu üzerlerine dökün. Kapağı kapatın ve tavuk yumuşayana ve tamamen beyaz olana kadar 2 1/2 ila 3 saat kadar yüksek ateşte pişirin. Çok uzun süre pişirmeyin, aksi takdirde tavuk kurur.

3. Üzerine peynir serpin; Kapağını kapatın ve peynir eriyene kadar yaklaşık 5 ila 15 dakika pişirin.

4. 6 kişilik.

Jeff Easy Soslu Kızarmış Tavuk

İÇİNDEKİLER

- 1 kızarmış tavuk

- Tuz biber

HAZIRLIK

1. Tavuğu temizleyin, yıkayın ve tencereye koyun. Üzerine bir tutam tuz ekleyip karabiber serpin. Yaklaşık 6 saat boyunca yüksekte bırakın.

2. Bitmiş ürünü çıkardığınızda kalan suyu bir bardağa damlatın, üzerini folyo ile örtün ve yaklaşık yarım saat dondurucuya koyun. Bu, yağın bardağın üst kısmında katılaşmasına neden olur. Bunu kazıyın ve kalan suyu sosa ekleyin.

Ananaslı Zencefilli Tavuk

İÇİNDEKİLER

• 4-5 kemiksiz tavuk göğsü, küp şeklinde kesilmiş (yaklaşık 1,9 cm)

• 1/2 inç dilimlenmiş yeşil soğan ile yaklaşık 3 inç boyutunda 1 demet yeşil soğan

• 1 kutu (8 oz.) doğranmış, süzülmemiş ananas

• 1 yemek kaşığı ince kıyılmış kristalize zencefil

• 2 yemek kaşığı limon suyu

• 2 yemek kaşığı soya sosu (düşük sodyum)

• 3 yemek kaşığı esmer şeker veya bal

• 1/2 çay kaşığı sarımsak tozu

HAZIRLIK

1. Tüm malzemeleri yavaş tencerede karıştırın; Kapağını kapatıp 6-8 saat pişirin. Pirinç veya düz erişte ile servis yapın.

2. Bölüm 4.

Yunan tavuğu

İÇİNDEKİLER

- 4-6 derisiz tavuk göğsü filetosu

- 1 litre. kutu (15 oz) domates sosu

- 1 kutu (14,5 oz) doğranmış domates ve suyu

- 1 kutu dilimlenmiş mantar

- 1 kutu (4 oz.) dilimlenmiş olgun zeytin

- 2 diş sarımsak, kıyılmış

- 1 yemek kaşığı. limon suyu

- 1 çay kaşığı. kurutulmuş kekik yaprağı

- 1/2 bardak doğranmış soğan

- 1/2 saniye sek beyaz şarap (isteğe bağlı)

- 2 bardak sıcak pişmiş pirinç

- Tatmak için tuz

HAZIRLIK

1. Tavuğu yıkayıp kurulayın. 350 derecede yaklaşık 30 dakika pişirin. Bu arada diğer tüm malzemeleri (pirinç hariç) karıştırın. Tavuğu parçalayıp sosa ekleyin; Kapağını kapatıp 4-5 saat pişirin. Tavuğu ve sosu sıcak pişmiş pilavla servis edin.

2. 4-6 kişi için.

Hawaii çubuğu

İÇİNDEKİLER

- 12 tavuk budu

- 1 bardak ketçap

- 1 su bardağı esmer şeker

- 1/2 bardak soya sosu

- taze rendelenmiş zencefil, 1 yemek kaşığı

- bir damla susam yağı

HAZIRLIK

1. Kapağını kapatıp kısık ateşte yaklaşık 8 saat pişirin. Beyaz pirinçle servis yapın.

2. Ahahaha!

3. LeRoy ve Nitz Dawg tarafından paylaşılan Tavuk Uyluğu Tarifi!

Baharatlı sebzeli tavuk

İÇİNDEKİLER

- 3-4 kiloluk tavuk parçaları

- 1 1/2 ila 2 bardak dondurulmuş veya konservelenmiş ve suyu süzülmüş küçük bütün soğan

- 2 bardak bütün bebek havuç

- 1 inçlik parçalar halinde kesilmiş 2 orta boy patates

- 1 1/2 bardak tavuk suyu

- 5 cm'lik parçalar halinde kesilmiş 2 orta boy kereviz sapı

- 2 dilim pastırma, doğranmış

- 1 defne yaprağı

- 1/4 çay kaşığı kurutulmuş kekik

- 1/4 çay kaşığı karabiber

- 1/4 bardak doğranmış taze maydanoz

- 2 yemek kaşığı taze, doğranmış tarhun veya 1 çay kaşığı kurutulmuş tarhun

- 1 çay kaşığı rendelenmiş limon kabuğu

- 2 yemek kaşığı taze limon suyu

- 1/2 çay kaşığı tuz veya tadına göre

HAZIRLIK

1. Yavaş bir tencerede tavuk, soğan, havuç, patates, et suyu, kereviz, domuz pastırması, defne yaprağı, kekik ve biberi birleştirin. Isıyı en aza indirin ve 8-10 saat pişirin.

2. Bir kenara koyun.

3. Delikli bir kaşık kullanarak tavuk ve sebzeleri ısıtılmış bir tabağa aktarın. Folyo ile örtün ve sıcak tutun. Fazla yağı boşaltın ve çıkarın. Maydanozu, tarhun, limon kabuğu rendesini ve suyunu karıştırın ve tuzla tatlandırın; Tavuk ve sebzelerin üzerine kaşıkla dökün.

Yabani pilavlı baharatlı tavuk

İÇİNDEKİLER

• Tavuk Nuggets 1 ila 1 1/2 pound veya yarım kemiksiz tavuk göğsü

• 6 ila 8 ons dilimlenmiş mantar

• 1 yemek kaşığı bitkisel yağ

• 2 veya 3 dilim ufalanmış pastırma veya 2 yemek kaşığı gerçek pastırma parçaları

• 1 çay kaşığı tereyağı

• 1 kutu (6 oz) Uncle Ben's (Tavuk Aromalı) Uzun Taneli Pirinç

• 1 kutu kremalı tavuk çorbası (otlu veya doğal)

• 1 bardak su

• 1 çay kaşığı bitkisel karışım, ör. B. lezzetli otlar veya en sevdiğiniz bitkisel karışım; maydanoz, kekik, tarhun vb.

HAZIRLIK

1. Tavuk parçalarını ve mantarları sıvı yağ ve tereyağında tavuk hafif kızarana kadar kızartın. Pastırmayı 3 1/2 ila 5 litrelik yavaş pişiricinin dibine yerleştirin. Pirinci pastırmanın üzerine yerleştirin. Bir baharat paketi ayırtın. Tavuk rulolarını pilavın üzerine yerleştirin. Tavuk göğsü kullanıyorsanız şeritler veya küpler halinde kesin. Çorbayı tavuğun üzerine dökün ve üzerini suyla kaplayın. Üst kısım soslarla bulaşır ve bir bitki karışımı serpilir. Kapağı kapatın ve DÜŞÜK ayarda 5 1/2 ila 6 1/2 saat veya pirinç yumuşayana kadar (yumuşak değil) pişirin.

2. 4-6 kişi için.

Bal ve zencefil ile tavuk

İÇİNDEKİLER

- 3 kilo derisiz tavuk göğsü

- 1 1/4 inç taze zencefil kökü, soyulmuş ve doğranmış

- 2 diş sarımsak, kıyılmış

- 1/2 bardak soya sosu

- 1/2 bardak bal

- 3 yemek kaşığı kuru şeri

- 2 yemek kaşığı mısır nişastasını 2 yemek kaşığı suyla karıştırın

HAZIRLIK

1. Zencefil, sarımsak, soya sosu, bal ve şeri küçük bir kasede karıştırın. Tavuk parçalarını sosa batırın. Tavuk parçalarını yavaş tencereye yerleştirin. Kalan sosu her şeyin üzerine dökün. Kapağı kapatın ve yaklaşık 6 saat boyunca DÜŞÜK sıcaklıkta pişirin.

2. Tavuğu sıcak servis tabağından çıkarın ve sıvıyı tavaya veya tavaya dökün. Kaynatın ve miktarı biraz azaltmak için 3-4 dakika daha pişirin. Mısır nişastasını sos karışımına karıştırın.

3. Koyu bir karışım elde edilinceye kadar kısık ateşte pişirin. Sosu tavukların üzerine dökün ve karıştırın.

4. Tavuğu sıcak pilavla servis edin.

Bal ve tatlı patates ile ızgara tavuk

İÇİNDEKİLER

• 3 su bardağı soyulmuş ve dilimlenmiş tatlı patates, yaklaşık 2 orta ila büyük boy tatlı patates

• Suyu süzülmüş 1 kutu (8 oz.) ananas parçaları

• 1/2 su bardağı tavuk suyu

• 1/4 bardak doğranmış soğan

• 1/2 çay kaşığı öğütülmüş zencefil

• 1/3 bardak barbekü sosu, en sevdiğiniz sos

• 2 yemek kaşığı bal

• 1/2 çay kaşığı kuru hardal

• 4-6 adet tavuk budu (buylar bacaklı, derisiz).

HAZIRLIK

1. 3 1/2 ila 5 litrelik yavaş pişiricide tatlı patatesi, ananası meyve suyu, tavuk suyu, doğranmış soğan ve öğütülmüş zencefille birleştirin; iyice karışması için karıştırın. Küçük bir kapta barbekü sosunu, balı ve kuru hardalı karıştırın. iyice karışması için karıştırın. Tavuğun her tarafını barbekü sosuyla fırçalayın. Kızartılmış tavuğu, gerekirse üst üste gelecek şekilde, tatlı patates ve ananas karışımının üzerine tek bir kat halinde yerleştirin. Kalan barbekü sosu karışımını tavuğun üzerine dökün.

2. Kapak; 7-9 saat veya tavuk yumuşayana, meyve suları berraklaşana ve tatlı patatesler yumuşayana kadar pişirin.

3. 4-6 kişi için.

Ballı Hoisin Tavuğu

İÇİNDEKİLER

• 2-3 pound tavuk parçaları (veya bütün tavuk, kıyılmış)

• 2 yemek kaşığı soya sosu

• 2 yemek kaşığı kuru üzüm sosu

• 2 yemek kaşığı bal

• 2 yemek kaşığı sek beyaz şarap

• 1 yemek kaşığı rendelenmiş zencefil kökü veya 1 çay kaşığı öğütülmüş zencefil

• 1/8 çay kaşığı öğütülmüş karabiber

• 2 yemek kaşığı mısır nişastası

• 2 yemek kaşığı su

HAZIRLIK

1. Tavuğu yıkayıp kurulayın; Yavaş pişiricinin altına yerleştirin.

2. Soya sosu, kuru üzüm sosu, bal, şarap, zencefil ve biberi karıştırın. Sosu tavukların üzerine dökün.

3. Kapağını kapatın ve tavuk yumuşayana ve meyve suları berraklaşana kadar yaklaşık 5 1/2 ila 8 saat pişirin.

4. Mısır nişastasını ve suyu karıştırın.

5. Tavuğu yavaş pişiriciden çıkarın. Isıyı en yükseğe yükseltin ve mısır nişastasını ve suyu ekleyin.

6. Koyulaşana kadar pişirmeye devam edin ve tavuğu yeniden ısıtmak için yavaş pişiriciye aktarın.

İtalyan tavuğu

İÇİNDEKİLER

- 4 adet kemiksiz tavuk göğsü, ısırık büyüklüğünde parçalar halinde kesilmiş

- 1-16 oz. Konserve domates, doğranmış

- 1 büyük tatlı yeşil biber, küp şeklinde kesilmiş

- 1 küçük soğan, doğranmış

- 1 orta boy kereviz sapı, doğranmış

- 1 orta boy havuç, soyulmuş ve doğranmış

- 1 defne yaprağı

- 1 çay kaşığı kurutulmuş kekik

- 1 çay kaşığı kuru fesleğen

- 1/2 çay kaşığı kurutulmuş kekik, isteğe bağlı

- 2 diş kıyılmış sarımsak; VEYA 2 çay kaşığı. Sarımsak tozu

- 1/2 çay kaşığı tuz

- 1/2 çay kaşığı kırmızı biber gevreği veya tadı

- 1/2 bardak rendelenmiş Parmesan veya Roma peyniri

HAZIRLIK

1. Rendelenmiş peynir dışındaki tüm malzemeleri yavaş pişiricide karıştırın.

2. Kapağını kapatıp kısık ateşte 6-8 saat pişirin. Servis yapmadan önce defne yaprağını çıkarın ve üzerine rendelenmiş peynir serpin.

3. Pilav veya makarnayla iyi gider

Tencerede İtalyan Tavuğu

İÇİNDEKİLER

- 1 pound kemiksiz, derisiz tavuk budu veya 4 adet derisiz tavuk budu

- 1/2 bardak doğranmış soğan

- 1/2 su bardağı dilimlenmiş, çekirdeği çıkarılmış olgun zeytin

- 1 kutu (14,5 ons) doğranmış domates, suyu süzülmemiş

- 1 çay kaşığı kurutulmuş kekik yaprağı

- 1/2 çay kaşığı tuz

- 1/2 çay kaşığı kurutulmuş biberiye, ufalanmış

- bir tutam kurutulmuş kekik yaprağı

- 1/4 çay kaşığı sarımsak tozu

- 1/4 bardak soğuk su veya tavuk suyu

- 1 yemek kaşığı mısır nişastası

HAZIRLIK

1. Tavuğu 3 1/2 ila 5 litrelik yavaş pişiriciye yerleştirin. Doğranmış soğanı ve dilimlenmiş zeytinleri ekleyin. Domatesleri kekik, tuz, biberiye, kekik ve sarımsak tozuyla karıştırın. Domatesli karışımı tavukların üzerine dökün. Kapağı kapatın ve 7-9 saat kadar veya tavuk yumuşayana ve meyve suları berraklaşana kadar kısık ateşte pişirin. Delikli bir kaşık kullanarak tavuk ve sebzeleri parçalayın ve sıcak bir tabağa koyun. Folyo ile örtün ve sıcak tutun. Potu YÜKSEK'e yükseltin.

2. Su veya et suyu ile mısır nişastasını bir fincan veya küçük kasede birleştirin. pürüzsüz olana kadar karıştırın. Sıvıyı tencerede karıştırın. Kapağını kapatıp koyulaşana kadar pişirin. Yoğunlaştırılmış sosu tavuğun yanında servis edin.

3. Bölüm 4.

İtalyan usulü tavuklu spagetti, yavaş pişirici

İÇİNDEKİLER

- 1 kutu (8 ons) domates sosu

- 6-8 kemiksiz, derisiz tavuk göğsü filetosu

- 1 kutu (6 ons) domates salçası

- 3 yemek kaşığı su

- 3 diş orta boy sarımsak, kıyılmış

- 2 çay kaşığı kurutulmuş kekik yaprağı, doğranmış

- 1 çay kaşığı şeker veya tadı

- sıcak pişmiş spagetti

- 4 ons rendelenmiş mozarella

- Rendelenmiş parmesan peyniri

HAZIRLIK

1. İstenirse kızgın yağda kahverengi tavuk; Süzün ve bol miktarda tuz ve karabiber serpin. Tavuğu yavaş tencereye yerleştirin. Domates sosu, salça, su, sarımsak, kekik ve şekeri birleştirin; tavuğun üzerine dökün. Kapağı kapatın ve 6-8 saat boyunca DÜŞÜK sıcaklıkta pişirin. Tavuğu çıkarın ve sıcak tutun. Ocağı yüksek ateşe alın ve mozarellayı sosun içine karıştırın. Peynir eriyene ve sos iyice ısınana kadar kapağı açık pişirin.
2. Tavuğu ve sosu sıcak, pişmiş spagettinin üzerine servis edin. Parmesanla servis yapın.
3. 6-8 kişilik.

Kolay Tavuk Stroganof
İÇİNDEKİLER

•

1 su bardağı yağsız ekşi krema

• 1 yemek kaşığı Gold Metal Gold üniversal un

• 1 torba tavuk sosu (yaklaşık 30 gram)

• 1 bardak su

• 1 pound kemiksiz, derisiz, 1 inçlik parçalar halinde kesilmiş

• 16 ons dondurulmuş karışık Kaliforniya yeşillikleri, çözülmüş

• 1 bardak dilimlenmiş mantar, kızartılmış

• 1 bardak dondurulmuş bezelye

• 10 ons patates, soyulmuş ve 1 inçlik parçalar halinde kesilmiş, yaklaşık 2 orta boy soyulmuş patates

• 1 1/2 bardak Bisquick kurabiye karışımı

• 4 yeşil soğan, doğranmış (1/3 bardak)

•

1/2 bardak %1 yağsız süt

HAZIRLIK

1. 3,5-5 litrelik bir tavada ekşi krema, un, sos karışımı ve suyu pürüzsüz hale gelinceye kadar karıştırın. Tavuk, sebze ve mantarları karıştırın. Kapağını kapatıp 4 saat veya tavuk yumuşayana ve sos koyulaşana kadar pişirin. Bezelyeyi ekleyin. Pişirme karışımını ve soğanı karıştırın. Sütü nemlendirilinceye kadar karıştırın. Karışımı yuvarlak kaşıklar halinde tavuk ve sebze karışımına ekleyin. Kapağını kapatıp yüksek ateşte 45-50 dakika veya köftenin ortasına batırdığınız kürdan temiz çıkana kadar pişirin.
2. Hemen 4 porsiyon servis yapın.

Lilly'nin Peynir Soslu Yavaş Tencere Tavuk

İÇİNDEKİLER

- 6 kemiksiz, derisiz yarım tavuk göğsü

- 2 kutu kremalı tavuk çorbası

- 1 kutu peynir çorbası

- Tatlandırmak için tuz, karabiber, sarımsak tozu

HAZIRLIK

1. Tavuk göğüslerine sarımsak tozu, tuz ve karabiber serpin.
2. Yavaş tencereye 3 tavuk göğsü yerleştirin. Bütün çorbayı birlikte karıştırın; Çorbanın yarısını ilk 3 tavuk göğsünün üzerine dökün.
3. Kalan 3 tavuk göğsünü üstüne yerleştirin. Kalan çorbayı da üzerine dökün.
4. Kapağı kapatın ve 6-8 saat boyunca DÜŞÜK sıcaklıkta pişirin.

Meksika tavuk göğsü

İÇİNDEKİLER

- 2 yemek kaşığı bitkisel yağ

- 3-4 kemiksiz, derisiz tavuk göğsü, 1 inçlik parçalar halinde kesilmiş

- 1/2 bardak doğranmış soğan

- 1 yeşil biber (veya kırmızı biber kullanın)

- 1 veya 2 küçük jalapeno biber, doğranmış

- 3 diş sarımsak, kıyılmış

- 1 kutu (4 oz.) tatlı biber, doğranmış

- 1 kutu (14 1/2 ons) Meksika tarzı biber veya küp küp doğranmış ateşte kavrulmuş domates

- 1 çay kaşığı kurutulmuş kekik yaprağı

- 1/4 çay kaşığı öğütülmüş kimyon

- rendelenmiş karışık Meksika peyniri

- Sos

Seçilebilir konturlar

- Ekşi krema

- Guacamole

- doğranmış taze soğan

- Doğranmış domates

• doğranmış salata

• dilimlenmiş olgun zeytinler

•

Kişniş

HAZIRLIK

1. Yağı büyük bir tavada orta-yüksek ateşte ısıtın. Kahverengi tavuk göğsü. Çıkarın ve boşaltın.
2. Aynı tavada soğanı, yeşil biberi, sarımsağı ve jalapeno'yu yumuşayana kadar soteleyin.
3. Yavaş pişiriciye tavuk göğsü ve soğan karışımını ekleyin.
4. Yavaş tencereye biberleri, domatesleri, kekikleri ve kimyonu ekleyin. Karıştırın.

5. Kapağı kapatın ve 6-8 saat DÜŞÜK seviyede pişirin (YÜKSEKte 3-4 saat).
6. Sıcak unlu tortilla, rendelenmiş peynir ve salsanın yanı sıra en sevdiğiniz malzemeler ve soslarla servis yapın.
7. Guacamole veya ekşi krema, dilimlenmiş yeşil soğan veya doğranmış domates ile harika bir sos olabilir.

Paul'un pırasalı tavuğu

İÇİNDEKİLER

- 3-4 kilo tavuk parçası, kemiksiz

- Yaklaşık 1/4 inç kalınlığında dilimlenmiş 4-6 patates

- 1 paket pırasa çorbası

- 1 adet ince dilimlenmiş pırasa veya 4 adet ince doğranmış taze soğan

- 1/2 ila 1 bardak su

- Kırmızı biber

- baharatlar •

HAZIRLIK

1. Patatesleri yavaş pişiricinin/tencerenin dibine yerleştirin, soğanı veya pırasayı ve ardından tavuğu ekleyin. (Birkaç kat tavuğunuz varsa tuz ve karabiber ekleyin. Üst katı henüz baharatlamayın.) Pırasa çorbasını yaklaşık 1 dakika kadar karıştırın. 1/2 bardak su ile. her şeyi dökün. Tavuğun üst katmanını baharatlayın. Daha sonra renk vermesi için üzerine biraz pul biber serptim.

• İsterseniz baharat olarak biraz kıyılmış sarımsak ve biraz taze biberiye ekleyin.

6-7 saat pişirin, gerekirse daha fazla su ekleyin.

Barbekü sosu

- 1 1/2 bardak ketçap

- 4 yemek kaşığı tereyağı

- 1/2 bardak Jack Daniels veya diğer yüksek kaliteli viski

- 5 yemek kaşığı esmer şeker

- 3 yemek kaşığı pekmez

- 3 yemek kaşığı elma sirkesi

- 2 yemek kaşığı Worcestershire sosu

- 1 yemek kaşığı soya sosu

- 4 çay kaşığı Dijon hardalı veya gurme hardalı

- 2 çay kaşığı sıvı duman

- 1 1/2 çay kaşığı soğan tozu

- 1 çay kaşığı sarımsak tozu

- 1 yemek kaşığı Sriracha veya tadına göre daha fazlası (yaklaşık 1 çay kaşığı kırmızı biber de kullanılabilir)

-

1/2 çay kaşığı öğütülmüş karabiber

HAZIRLIK

1. Alüminyum folyo ile 2 sıralı tavalar; Yapışmaz pişirme spreyi püskürtün. Fırını 425°'ye önceden ısıtın.
2. Butları un, 1 çay kaşığı tuz ve 1/2 çay kaşığı karabiberle karıştırın.

3. Tepsilere yerleştirip 20 dakika kadar pişirin. Tamburu ters çevirin ve fırına geri koyun. 20 dakika daha veya altın rengi kahverengi olana kadar pişirin.

4. Bu arada sos malzemelerinin tamamını orta boy bir tencereye koyun; İyice karıştırın ve orta ateşte kaynatın.

5. Isıyı azaltın ve 5 dakika pişirin.

6. Bagetleri bir kaseye veya yavaş tencereye yerleştirin (parti için onları sıcak tutmak istiyorsanız). Barbekü sosunun yaklaşık yarısını ekleyin. Hemen sosla servis yapın veya sıcak tutmak için yavaş pişiriciyi DÜŞÜK konumuna ayarlayın. Sosu hemen servis etmeyecekseniz, kalan sosu servise hazır olana kadar buzdolabında saklayın.

7. Sosla daldırmak için bacakları sıcak olarak servis edin. Elinizde bol miktarda mendil bulundurun.

8. Bu tariften yaklaşık üç düzine çıkıyor, bu da meze olarak 6-8 kişiye yetiyor.

Sherry Tavuk ve Mantı

İÇİNDEKİLER

- 4 tarafı tavuk göğsü

- 2 kutu tavuk suyu (3 1/2 bardak)

- 1 bardak su

- 3 küp tavuk suyu veya eşdeğeri et suyu veya pelet

- Küçük parçalar halinde kesilmiş 1 küçük havuç

- 1 küçük kereviz sapı, doğranmış

- 1/2 bardak doğranmış soğan

-

12 büyük un tortillası

HAZIRLIK

1. Yavaş pişiricideki tortilla dışındaki tüm malzemeleri birleştirin. 8-10 saat kısık ateşte pişirin. Tavuğu çıkarın, eti kemiklerinden ayırın ve et suyunu büyük bir tencereye sobanın üzerine koyun. Tavuk göğsünü lokma büyüklüğünde doğrayıp tekrar ocaktaki et suyuna ekleyin. Yavaş pişirin.
2. Tortillaları ikiye bölün ve ardından 2,5 cm kalınlığında şeritler halinde kesin. Şeritleri kaynayan et suyuna ekleyin ve ara sıra karıştırarak 15-20 dakika kısık ateşte pişirin. Et suyu kalınlaşmalıdır, ancak çok akıcıysa, 1 çorba kaşığı mısır nişastasını eritmeye yetecek kadar suyla karıştırın ve meyve suyuna karıştırın.
3. 5-10 dakika daha pişirin.
4. 4 kişilik.

Kolay Yavaş Pişirilmiş Izgara Tavuk

İÇİNDEKİLER

•

3 kemiksiz yarım tavuk göğsü

• İsteğe göre 1 1/2 bardak sıcak barbekü sosu ve servis için daha fazlası

• 1 orta boy soğan, dilimlenmiş veya doğranmış

• Kızarmış sandviçler

•

Lahana salatası servis edin

HAZIRLIK

1. Tavuk göğsünü yıkayıp kurulayın. 1 1/2 bardak barbekü sosu ve soğanla birlikte yavaş tencereye ekleyin. Tavuğu kaplamak için karıştırın. Kapağı kapatın ve 3 saat boyunca YÜKSEK pişirin.
2. Tavuk göğüslerini bir tabağa koyun ve dilimleyin veya doğrayın. Kıyılmış tavuğu sosta yavaş tencereye geri koyun. karıştırın. Kapağını kapatıp 10 dakika daha pişirin.
3. Kıyılmış tavuğu kızartılmış çörek üzerinde lahana salatası ve ekstra barbekü sosuyla birlikte servis edin.
4. 4-6 kişiye hizmet vermektedir.

Yavaş Tencerede Tavuk Dijon

İÇİNDEKİLER

•

1-2 kilo tavuk göğsü

• 1 kutu yoğunlaştırılmış kremalı tavuk çorbası, seyreltilmemiş (10 1/2 ons)

• 2 yemek kaşığı normal veya taneli Dijon hardalı

• 1 yemek kaşığı mısır nişastası

• 1/2 bardak su

• Zevkinize biber

• 1 çay kaşığı kurutulmuş maydanoz gevreği veya 1 yemek kaşığı kıyılmış taze maydanoz

HAZIRLIK

1. Tavuğu yıkayın ve kurulayın; yavaş tencereye yerleştirin. Çorbayı hardal ve mısır unu ile karıştırın; Suyu ekleyip karıştırın. Maydanozu ve biberi karıştırın. Karışımı tavukların üzerine dökün. Kapağı kapatın ve 6-7 saat DÜŞÜK sıcaklıkta pişirin. Sıcak haşlanmış pirinç ve sebzelerle servis yapın.
2. Dijon tavuğu tarifi 4-6 kişiliktir.

Yavaş Tencere Barbekü Tavuk

İÇİNDEKİLER

- 3-4 kiloluk tavuk parçaları

- 1 büyük soğan, kabaca doğranmış

- 1 şişe barbekü sosu

HAZIRLIK

1. Tavuğu yavaş pişiricinin veya tencerenin dibine yerleştirin ve soğanları ve barbekü sosunu ekleyin. DÜŞÜK ayarda yaklaşık 6-8 saat veya tavuk yumuşayana ancak parçalanıncaya kadar pişirin.
2. 4-6 kişiye hizmet vermektedir.

Yavaş tencerede ızgara tavuk butları

İÇİNDEKİLER

- 1/2 su bardağı un

- 1/2 çay kaşığı sarımsak tozu

- 1 çay kaşığı kuru hardal

- 1 çay kaşığı tuz

- 1/4 çay kaşığı biber

- 8 tavuk budu

- 2 yemek kaşığı bitkisel yağ

- 1 su bardağı kalın barbekü sosu

HAZIRLIK

1. Unu, sarımsak tozunu, hardalı, tuzu ve karabiberi bir torbaya koyun. Tavuğu yavaş yavaş ekleyin ve iyice kaplanana kadar karıştırın. Yağı büyük bir tavada ısıtın; Tavukları ekleyip her tarafını kızartın. Barbekü sosunun yarısını bir kaseye dökün. Tavuğu ekleyin, ardından kalan sosu ekleyin. 6-7 saat veya tavuk yumuşayana ve meyve suları berraklaşana kadar pişirin.
2. 4-6 kişiye hizmet vermektedir.

Yavaş Pişirilmiş Tavuk Sosisli Makarna Sosu

İÇİNDEKİLER

- 1 yemek kaşığı zeytinyağı

- 4 diş ezilmiş sarımsak

- 1/2 bardak doğranmış soğan

- Küçük parçalar halinde kesilmiş 1 kırmızı biber

- Küçük parçalar halinde kesilmiş 1 yeşil biber

- 1 küçük kabak, doğranmış

- 1 kutu (4 ons) mantar

- 1 kutu İtalyan baharatlı haşlanmış domates

- 1 kutu (6 ons) domates salçası

- 3 tatlı İtalyan sosisi

- Yarım şeritler halinde kesilmiş 4 kemiksiz tavuk göğsü

- 1 çay kaşığı İtalyan baharatı •

- İsteğe göre kırmızı pul biber

HAZIRLIK

1. Yağı bir tavada ısıtın. Soğanı ve sarımsağı altın kahverengi olana kadar kızartın. Onu kaldır.
2. Sosisleri ekleyin; her tarafı kahverengi. Tavuğu ekleyin ve altın kahverengi olana kadar kızartın. Fazla yağı boşaltın. Sosisleri 1 inçlik parçalar halinde kesin. Yavaş bir tencerede diğer tüm malzemeleri soğan ve sarımsakla karıştırın.

Sosisleri ekleyin ve tavuk şeritleriyle süsleyin. Kapağı kapatın ve tavuk yumuşayıncaya kadar ancak kuruyana kadar 4-6 saat DÜŞÜK sıcaklıkta pişirin.

3. Bu lezzetli sosu sıcak pişmiş makarna ile servis edin.
4. 4 kişilik.

Yavaş Tencerede Tavuk Köri

İÇİNDEKİLER

- 2 bütün tavuk göğsü, kemiksiz ve doğranmış

- 1 kutu tavuk çorbası

- 1/4 bardak kuru şeri

- 2 yemek kaşığı. tereyağı veya margarin

- 2 taze soğan, ince doğranmış

- 1/4 çay kaşığı. köri tozu

- 1 çay kaşığı. Tuz

- Bir tutam biber

-

sıcak haşlanmış pirinç

HAZIRLIK

1. Tavuğu tencereye ekleyin. Pirinç hariç diğer tüm malzemeleri ekleyin. Kapağını kapatın ve 4-6 saat DÜŞÜK seviyede veya 2-3 saat YÜKSEK seviyede pişirin. Sıcak pilavla servis yapın.

Yavaş pişirilmiş pilavlı tavuk köri

İÇİNDEKİLER

• 4 kemiksiz, derisiz tavuk göğsü, şeritler halinde veya 1 inçlik parçalar halinde kesilmiş

• Dörde bölünmüş ve ince dilimlenmiş 2 büyük soğan

• 3 diş sarımsak, kıyılmış

• 1 yemek kaşığı soya sosu veya tamari

• 1 çay kaşığı Madras köri tozu

• 2 çay kaşığı biber tozu

• 1 çay kaşığı zerdeçal

• 1 çay kaşığı öğütülmüş zencefil

• 1/3 bardak tavuk suyu veya su

• Tatlandırmak için tuz ve taze çekilmiş karabiber

•

sıcak haşlanmış pirinç

HAZIRLIK

1. Pirinç dışındaki tüm malzemeleri yavaş bir tencerede veya tencerede/kasede birleştirin.
2. Kapağını kapatın ve tavuk yumuşayana kadar 6 ila 8 saat pişirin.
3. Gerekirse tuz ve karabiber tadın ve ekleyin.
4. Pirinç veya makarna ile servis yapın

Yavaş Tencerede Tavuk Enchiladas

İÇİNDEKİLER

•

3 su bardağı doğranmış pişmiş tavuk

• 3 su bardağı rendelenmiş Meksika harman peyniri ve biber, bölünmüş

• 1 kutu (4,5 ons) doğranmış yeşil biber

• 1/4 bardak doğranmış taze kişniş

• 1 1/2 bardak ekşi krema, bölünmüş

• 8 unlu tortilla (8 inç)

• 1 bardak domates sosu

• Önerilen malzemeler: doğranmış domates, dilimlenmiş yeşil soğan, olgun zeytin, jalapeno halkaları, doğranmış taze kişniş

HAZIRLIK

1. 4-6 litrelik yavaş pişiricinin astarını hafifçe yağlayın.
2. Bir kasede doğranmış tavuğu 2 su bardağı rendelenmiş peynir, doğranmış yeşil biber, 1/4 su bardağı kıyılmış kişniş ve 1/2 su bardağı ekşi krema ile birleştirin; malzemeleri karıştırın.
3. Tavuklu karışımın bir kısmını tortillaların ortasına dökün ve karışımı sekiz tortillaya eşit şekilde paylaştırın. Bunları yuvarlayın ve hazırlanan yavaş pişiriciye dikiş tarafı aşağı bakacak şekilde yerleştirin.
4. Gerekirse ekmeği istifleyin.
5. Küçük bir kapta sosu kalan 1 bardak ekşi kremayla karıştırın. Karışımı tortillaların üzerine dökün.
6. Kapağı kapatın ve 4 saat boyunca DÜŞÜK sıcaklıkta pişirin. Kalan rendelenmiş peyniri tortillaların üzerine serpin. Kapağı kapatın ve 20-30 dakika daha DÜŞÜK seviyede pişirin.
7. 4-6 kişiye hizmet vermektedir.

Yavaş tencerede sebzeli tavuklu fricassee

İÇİNDEKİLER

- 4-6 kemiksiz, derisiz tavuk göğsü filetosu

- Tatmak için biber ve tuz

- 2 yemek kaşığı tereyağı

- 2 diş sarımsak, kıyılmış

- 3 yemek kaşığı çok amaçlı un

- 2 bardak düşük sodyumlu tavuk suyu

- 1 çay kaşığı kurutulmuş kekik yaprağı

- 1/2 çay kaşığı kurutulmuş tarhun yaprağı

- 3-4 havuç, 5 cm'lik parçalar halinde kesilmiş

- 2 soğan, ikiye kesilmiş ve kalın dilimler halinde kesilmiş

- 2 büyük pırasanın sadece beyaz kısmı, yıkanıp doğranmış

- 1 defne yaprağı

- 1/2 bardak yarım veya açık krema

-

1 1/2 su bardağı dondurulmuş bezelye, çözülmüş

HAZIRLIK

1. Tavuk göğsünü yıkayıp kurulayın. Beni bir kenara koydun. Doğranmış sarımsakları tereyağında bir dakika kadar kavurun, ardından unu ekleyin ve pürüzsüz hale gelinceye kadar kızartın. Et suyunu (et suyunun bir kısmı yerine 1/4 bardak sek beyaz şarap veya şeri kullanabilirsiniz), kekiği ve tarhunu ekleyin ve koyu bir karışım elde edene kadar karıştırın. Crock Pot'a soğan, havuç, tavuk ve ardından pırasayı ekleyin; Sosu her şeyin üzerine dökün. Defne yaprağını ekleyin. Kapağı kapatın ve 6-7 saat DÜŞÜK sıcaklıkta veya 3-5 saat YÜKSEK sıcaklıkta pişirin.
2. Kaynama noktası düşükse yuvarlayın, bezelyeleri yarı yarıya karıştırın ve erimesini bekleyin. Bezelyeler iyice ısınıncaya kadar kapağını kapatıp 15 dakika daha pişirin. Baharatları tadın ve ayarlayın. Servis yapmadan önce defne yaprağını çıkarın.
3. 4-6 kişiye hizmet vermektedir.

Yavaş bir tencerede baharatlı sosla kızartılmış tavuk

İÇİNDEKİLER

- 1/2 saniye domates suyu

- 1/2 saniye soya sosu

- 1/2 saniye esmer şeker

- 1/4 saniye tavuk çorbası

- 3 diş sarımsak, kıyılmış

- 3-4 kilo derisiz tavuk parçaları

HAZIRLIK

1. Tavuk hariç tüm malzemeleri derin bir kapta karıştırın. Her bir tavuk parçasını sosa batırın. Yavaş tencereye ekleyin. Üzerine kalan sosu dökün. Kısık ateşte 6-8 saat, yüksek ateşte 3-4 saat pişirin.
2. 6 porsiyon.

Köri tozu ile Yavaş Pişirilmiş Tavuk Madras

İÇİNDEKİLER

- 3 kırmızı soğan, ince dilimlenmiş

- 4 elma, soyulmuş, çekirdekleri çıkarılmış ve ince dilimlenmiş

- 1 çay kaşığı tuz

- 1 veya 2 çay kaşığı köri tozu veya tadına göre

- Parçalara ayrılmış 1 parça kızarmış tavuk

- Kırmızı biber

HAZIRLIK

1. Soğanı ve elmayı bir kasede birleştirin; Tuz ve köri tozu serpin. İyice karıştırın. Tavukları derisi yukarı bakacak şekilde soğan karışımının üzerine yerleştirin. Bol miktarda kırmızı biber serpin.
2. Kapağını kapatıp kısık ateşte tavuklar yumuşayıncaya kadar 6-8 saat pişirin.
3. Gerektiğinde ilave malzemeleri tadın ve ekleyin.
4. 4 kişilik.

Yavaş tencerede mantarlı tavuk

İÇİNDEKİLER

- 6 kemiksiz, derisiz yarım tavuk göğsü

- 1 1/4 çay kaşığı tuz

- 1/4 çay kaşığı biber

- 1/4 çay kaşığı kırmızı biber

- 1 3/4 çay kaşığı tavuk suyu, pelet veya tavuk bazlı tatlandırılmış

- 1 1/2 su bardağı dilimlenmiş taze mantar

- 1/2 bardak yeşil soğan, dilimlenmiş, yeşilliklerle birlikte

- 1/2 bardak sek beyaz şarap

- 1/2 bardak yoğunlaştırılmış süt

- 5 çay kaşığı mısır nişastası

- taze doğranmış maydanoz

HAZIRLIK

1. Tavuğu yıkayın ve kurulayın. Bir kapta tuz, karabiber ve kırmızı biberi karıştırın. Karışımı tavuğun her tarafına sürün. Yavaş bir tencerede tavuğu, irmik veya et suyunu, mantarları ve yeşil soğanları dönüşümlü olarak ısıtın. Şarabı yavaşça dökün. Malzemeleri karıştırmayın. Kapağı kapatın ve yüksek sıcaklıkta 2 1/2 ila 3 saat veya düşük sıcaklıkta 5 ila 6 saat veya tavuk yumuşayana ancak parçalanıncaya kadar pişirin.

2. Delikli bir kaşık kullanarak tavuk ve sebzeleri bir kaseye veya tabağa aktarın. Alüminyum folyo ile örtün ve tavuğu

sıcak tutun. Yoğunlaştırılmış süt ve mısır nişastasını küçük bir tencerede birleştirin ve pürüzsüz hale gelinceye kadar karıştırın. Yavaş yavaş 2 bardak pişirme sıvısını ekleyin. Orta ateşte karıştırın ve kaynatın; 1 dakika veya koyulaşana kadar pişirmeye devam edin. Sosun bir kısmını tavuğun üzerine dökün ve istenirse maydanozla süsleyin. Arzuya göre sıcak pilav veya makarna ile servis yapın.

Kordon mavisi. yavaş pişirme

İÇİNDEKİLER

• 6 kemiksiz, derisiz yarım tavuk göğsü – hafifçe düzleşecek şekilde ince doğranmış

• 6 ince dilim jambon

• 6 ince dilim İsviçre peyniri

• Kaplama için 1/4 ila 1/2 bardak un

• 1/2 pound dilimlenmiş mantar

• 1/2 su bardağı tavuk suyu

• 1/2 bardak sek beyaz şarap (veya tavuk suyu kullanın)

• 1/2 çay kaşığı kıyılmış biberiye

• 1/4 su bardağı rendelenmiş parmesan peyniri

• 2 çay kaşığı mısır nişastasını 1 yemek kaşığı soğuk suyla karıştırın

• Tatmak için biber ve tuz

HAZIRLIK

1. Düzleştirilmiş her tavuk göğsünün üzerine bir dilim jambon ve bir dilim peynir koyun ve yuvarlayın. Kürdanla sabitleyin ve her birini un içinde yuvarlayın. Yavaş tencereye mantarları, ardından tavuk göğüslerini ekleyin. Et suyunu, şarabı (eğer kullanılıyorsa) ve biberiyeyi karıştırın; tavuğun üzerine dökün. Parmesan serpin. Kapağını kapatıp kısık ateşte 6-7 saat pişirin. Servis yapmadan hemen önce tavuğu çıkarın; onu sıcak tut.

2. Mısır nişastası karışımını yavaş pişiricideki meyve sularına
    ekleyin. koyulaşana kadar karıştırın. Tuz ve karabiberle
    tatlandırın, ardından tadın ve baharatını buna göre
    ayarlayın. Sosu tavuk göğüslerinin üzerine döküp servis
    yapın.
3. Servis 6.

Yavaş bir tencerede tavuk Dijon

İÇİNDEKİLER

•

4 kemiksiz yarım tavuk göğsü

•

1 yemek kaşığı bal ile Dijon hardalı

• Tuz ve iri öğütülmüş karabiber veya yenibahar

• 2 paket (her biri 8 ons) bebek ıspanak veya 1 pound taze ıspanak yaprağı, yıkanmış ve kurutulmuş

• 2 yemek kaşığı tereyağı, doğranmış

• İsteğe göre ince kıyılmış taze kişniş veya maydanoz

•

kavrulmuş, dilimlenmiş badem, isteğe bağlı •

HAZIRLIK

1. Yavaş pişiriciyi yağlayın veya yapışmaz pişirme spreyi ile püskürtün.
2. Tavuk göğsünü yıkayıp kurulayın.
3. Tavuğu ballı hardalla ovalayın; Tuz ve karabiber ekleyin.
4. Tavuk göğüslerini yavaş tencereye yerleştirin. Ispanakla süsleyin.
5. Yavaş pişirici tüm ıspanak için çok küçükse, kısa süre pişirin ve bükülmüş ıspanak yapraklarını ekleyin.
6. Ispanağı tereyağıyla karıştırıp tuz ve karabiberle tatlandırın.
7.
8. Servis yapmadan önce kişniş veya maydanozla süsleyin veya üzerine kızarmış badem serpin.
9. Kapağı kapatın ve 5-6 saat DÜŞÜK sıcaklıkta pişirin.

• Bademleri kızartmak için kuru bir tavaya orta ateşte koyun. Sürekli karıştırarak hafif altın rengi kahverengi ve kokulu olana kadar pişirin.

Yavaş Tencere Limonlu Tavuk

İÇİNDEKİLER

- 1 bonfile, kıyılmış veya yaklaşık 3 1/2 pound tavuk parçası

- 1 çay kaşığı ezilmiş kurutulmuş kekik yaprağı

- 2 diş sarımsak, kıyılmış

- 2 yemek kaşığı tereyağı

- 1/4 bardak sek şarap, şeri, tavuk suyu veya su

- 3 yemek kaşığı limon suyu

- Tuz biber

HAZIRLIK

1. Tavuk parçalarını tuz ve karabiberle tatlandırın. Sarımsağın ve kekiklerin yarısını tavuğun üzerine serpin.
2. Orta ateşte bir tavada tereyağını eritin ve tavukların her tarafını kızartın.
3. Tavukları tencereye aktarın. Kalan kekik ve sarımsağı serpin. Tavaya şarap veya şeri ekleyin ve kahverengi parçacıkları gevşetmek için karıştırın. Yavaş tencereye dökün.
4. Kapağı kapatın ve DÜŞÜK sıcaklıkta (200°) 7-8 saat pişirin. Son saatte limon suyunu ekleyin.
5. Tavadaki meyve sularının yağını çıkarın ve bir kaseye dökün. Meyve sularını istediğimiz gibi koyulaştırıyoruz.
6. Tavuğu suyuyla birlikte servis edin.
7. 4 kişilik.

Yavaş pişirilmiş çekilmiş tavuk

İÇİNDEKİLER

-

1 yemek kaşığı tereyağı

-

1 su bardağı doğranmış soğan

-

1/2 çay kaşığı kıyılmış sarımsak

-

1 1/2 bardak ketçap

- 1/2 bardak kayısı reçeli veya kayısı konservesi

- 3 yemek kaşığı elma sirkesi

- 2 yemek kaşığı Worcestershire sosu

- 2 çay kaşığı sıvı duman

- 2 yemek kaşığı pekmez

- bir tutam yenibahar

- 1/4 çay kaşığı taze çekilmiş karabiber

- 1/8-1/4 çay kaşığı öğütülmüş kırmızı biber

- 1 kilo kemiksiz tavuk göğsü

- 1 kilo kemiksiz tavuk budu

HAZIRLIK

1. Orta ateşte orta boy bir tencerede tereyağını eritin. Tereyağı köpürmeye başlayınca doğranmış soğanı ekleyin ve soğan yumuşayıp hafif altın rengine dönene kadar karıştırarak pişirin. Kıyılmış sarımsakları ekleyin ve karıştırarak yaklaşık 1 dakika pişirin. Ketçap, kayısı reçeli, sirke, Worcestershire sosu, sıvı duman, pekmez, yenibahar, karabiber ve kırmızı biberi ekleyin. 5 dakika kaynatın.
2. Yavaş pişiricinin içine 1 1/2 bardak sos dökün.
3. Kalan sosu rezerve edin; Bir kaseye aktarın ve servis yapmaya hazır olana kadar buzdolabında saklayın. Tavuk parçalarını yavaş tencereye ekleyin. Kapağı kapatın ve 4 1/2 ila 5 saat kadar veya tavuk çok hassas hale gelinceye ve kolayca parçalanıncaya kadar kısık ateşte pişirin. Tavuk parçalarını çatalla parçalayın.
4. Lahana salatası ve ekstra barbekü sosuyla kızarmış sandviçlerin üzerinde servis yapın.
5. Menüde patates salatası veya fırında patatesin yanı sıra kuru fasulye, salatalık ve domates dilimleri de yer alabilir. Izgarada lahana salatası ve turşuyu severim ama diğer malzemeler arasında jalapeno halkaları, ince dilimlenmiş kırmızı soğan, sade lahana ve doğranmış domates veya salatalık bulunabilir.
6. 8 kişilik.

Füme sosis ve lahana

İÇİNDEKİLER

-

1 küçük lahana, kabaca doğranmış

-

1 büyük soğan, kabaca doğranmış

- 1 1/2 ila 2 pound Polonyalı veya tütsülenmiş kielbasa sosisi, 1 ila 2 inçlik parçalar halinde kesilmiş

- 1 bardak elma suyu

- 1 yemek kaşığı Dijon hardalı

- 1 yemek kaşığı elma sirkesi

- 1 veya 2 yemek kaşığı esmer şeker

- 1 çay kaşığı kimyon, isteğe bağlı

- Zevkinize biber

HAZIRLIK

1. Lahanayı, soğanı ve sosisi 5 veya 6 litrelik yavaş tencereye koyun (3 1/2 litrelik bir tencere için daha az lahana veya pazı kullanın, yaklaşık 10 dakika pişirin, sonra süzün ve ekleyin). Meyve suyu, hardal, sirke, esmer şeker ve kimyonu (kullanılıyorsa) birleştirin; Malzemeleri yavaş pişiriciye dökün. Tatmak için biber serpin. Kapağını kapatıp kısık ateşte 8-10 saat pişirin. Arzu ederseniz kızarmış patates ve yeşil salata ile servis yapın.

İspanyol usulü pilavlı tavuk

İÇİNDEKİLER

- 4 derisiz yarım tavuk göğsü

- 1/4 çay kaşığı tuz

- 1/4 çay kaşığı biber

- 1/4 çay kaşığı kırmızı biber

- 1 yemek kaşığı bitkisel yağ

- 1 orta boy kırmızı soğan, doğranmış

- 1 küçük kırmızı biber, doğranmış (veya doğranmış kavrulmuş kırmızı biber)

- 3 diş sarımsak, kıyılmış

- 1/2 çay kaşığı kurutulmuş biberiye

- 1 kutu (14 1/2 oz) doğranmış domates

- 1 paket (10 ons) dondurulmuş bezelye

HAZIRLIK

1. Tavukları tuz, karabiber ve kırmızı biberle tatlandırın. Yağı bir tavada orta ateşte ısıtın ve tavukları her taraftan kızartın. Tavuğu yavaş tencereye aktarın.

2. Dondurulmuş bezelye hariç diğer malzemeleri küçük bir kasede karıştırın. Tavuğun üzerine dökün. Kapağını kapatın ve düşük ateşte 7-9 saat, yüksek ateşte ise 3-4 saat pişirin. Servis yapmadan bir saat önce bezelyeleri bir kevgir içinde ılık su altında durulayıp çözdürün ve ardından tencereye ekleyin. Bu tavuk yemeğini sıcak pişmiş pilavın üzerinde

servis edin.

Tami Izgara Tavuk But

İÇİNDEKİLER

•

6-8 dondurulmuş tavuk budu •

•

1 şişe kalın barbekü sosu

HAZIRLIK

1. Dondurulmuş tavuk butlarını yavaş tencereye yerleştirin. Barbekü sosunu gezdirin. Kapağı kapatın ve 6-8 saat YÜKSEK sıcaklıkta pişirin.
2. • Not: Çözülmüş tavuk butlarıyla başlıyorsanız, önce derisini çıkarabilir veya yağını azaltmak için buharda pişirebilir, ardından 6-8 saat boyunca DÜŞÜK ayarda pişirebilirsiniz.

Tami'nin Crockpot Tavuğu Mozzarella

İÇİNDEKİLER

- 4 parça tavuk budu

- 2 yemek kaşığı sarımsak-biber baharatı

- 1 kutu domates soslu kabak

- 4 ons rendelenmiş mozarella

HAZIRLIK

1. Tavuğu yavaş tencereye koyun ve sosla kaplayın. Kabağı domates soslu tavuğun üzerine dökün. Kapağı kapatın ve 6-8 saat DÜŞÜK sıcaklıkta pişirin. Peyniri serpin ve peynir eriyene kadar yaklaşık 30 dakika pişirin.

Biberli beyaz tavuk

İÇİNDEKİLER

- 4 adet kemiksiz, derisiz tavuk göğsü, 1/2 inçlik parçalar halinde kesilmiş

- 1/2 bardak doğranmış kereviz

- 1/2 bardak doğranmış soğan

- 2 kutu (her biri 14,5 ons) haşlanmış domates, doğranmış

- 16 oz. med. Salsa veya acı sos

- 1 kutu nohut veya barbunya fasulyesi, süzülmüş

- 6-8 oz. dilimlenmiş mantarlar

- Zeytin yağı

HAZIRLIK

1. 1 yemek kaşığı zeytinyağında tavukları kızartın. Kereviz, soğan ve mantarı küçük parçalar halinde kesin. Tüm malzemeleri büyük bir yavaş ocakta birleştirin; Karıştırın ve 6-8 saat pişirin. Tost veya taco ile servis yapın. • Acı sos seviyorsanız acı sos veya acı sos kullanın.

Yavaş Tencerede Tavuk ve Siyah Fasulye

İÇİNDEKİLER

- Şeritler halinde kesilmiş 3-4 kemiksiz tavuk göğsü

- 1 kutu (12-15 oz) mısır, süzülmüş

- 1 kutu (15 ons) siyah fasulye, durulanmış ve suyu süzülmüş

- 2 çay kaşığı öğütülmüş kimyon

- 2 çay kaşığı biber tozu

- 1 soğan ikiye kesilmiş ve ince dilimlenmiş

- Şeritler halinde kesilmiş 1 yeşil biber

- 1 kutu (14,5 oz.) doğranmış domates

- 1 kutu (6 ons) domates salçası

HAZIRLIK

1. Tüm malzemeleri yavaş bir tencerede karıştırın. Kapağını kapatıp kısık ateşte 5-6 saat pişirin.
2. Tadına göre rendelenmiş peynirle süsleyin. Tavuk fiestasını ve siyah fasulyeyi sıcak unlu tortillayla veya pilavın üzerinde servis edin.
3. 4 kişilik.

Tavuk ve baharatlar, yavaş pişirici

İÇİNDEKİLER

- 1 torba baharatlı doldurma karışımı, 14-16 oz

- 3-4 bardak doğranmış pişmiş tavuk

- 3 kutu tavuk çorbası

- 1/2 bardak süt

- 1 veya 2 bardak hafif rendelenmiş kaşar peyniri

HAZIRLIK

1. İç harcını paketin üzerindeki talimatlara göre hazırlayıp 5 litrelik tencereye koyun. 2 kutu kremalı tavuk çorbasını karıştırın. Tavuk küplerini, 1 kutu tavuk kremasını ve sütü bir kasede karıştırın. Dolguyu yavaş pişiricinin üzerine yayın. Üzerine peynir serpin. Kapağını kapatıp kısık ateşte 4-6 saat, yüksek ateşte 2-3 saat pişirin.
2. 6-8 kişilik.

Tavuk ve mantar, yavaş pişirici

İÇİNDEKİLER

- 6 kemiksiz, derisiz yarım tavuk göğsü

- 1 1/4 çay kaşığı. Tuz

- 1/4 çay kaşığı. biber

- 1/4 çay kaşığı. kırmızı biber

- 2 çay kaşığı tavuk çorbası granülü

- 1 1/2 su bardağı dilimlenmiş mantar

- 1/2 bardak doğranmış yeşil soğan

- 1/2 bardak sek beyaz şarap

- 2/3 bardak yoğunlaştırılmış süt

- 5 adet. Mısır nişastası

- Taze kesilmiş maydanoz

-

sıcak haşlanmış pirinç

HAZIRLIK

1. Küçük bir kapta tuz, karabiber ve kırmızı biberi karıştırın. Karışımı tavuğun her yerine sürün.
2. Yavaş pişiricide dönüşümlü olarak tavuk, et suyu peletleri, mantarlar ve yeşil soğan pişirin. Üzerine şarabı dökün. İYİ DEĞİL.
3. Kapağı kapatın ve YÜKSEK ayarda 2 1/2-3 saat veya DÜŞÜK ayarda 5-6 saat veya tavuk yumuşayana ancak kemikten

düşmeyene kadar pişirin. Mümkünse pişirme süresinin yarısına gelindiğinde üzerine tereyağı sürün.

4. Delikli bir kaşık kullanarak tavuk ve sebzeleri bir tabağa aktarın.
5. Folyo ile örtün ve sıcak tutun.
6. Küçük bir tencerede yoğunlaştırılmış süt ve mısır nişastasını pürüzsüz hale gelinceye kadar karıştırın. Yavaş yavaş 2 bardak pişirme sıvısını ekleyin. Orta ateşte karıştırarak kaynatın ve kısık ateşte koyulaşıncaya kadar 1-2 dakika pişirin.
7. Sosun bir kısmını tavuğun üzerine dökün ve kıyılmış maydanozla süsleyin. Kalan sosu ayrı olarak servis edin.
8. Sıcak haşlanmış pirinçle servis yapın.

Tavuk ve Pilav Parmesan, Yavaş Tencere

İÇİNDEKİLER

- 1 torba karışık soğan çorbası

- 1 kutu (10 3/4 oz.) yağı azaltılmış, konsantre mantar çorbası

- 1 kutu (10 3/4 oz) az yağlı yoğunlaştırılmış tavuk suyu

- 1 1/2 bardak az yağlı veya yağsız süt

- 1 kadeh sek beyaz şarap

- 1 bardak beyaz pirinç

- 6 kemiksiz, derisiz yarım tavuk göğsü

- 2 yemek kaşığı tereyağı

- 2/3 su bardağı rendelenmiş parmesan peyniri

HAZIRLIK

1. Soğan çorbasını, veluteyi, sütü, şarabı ve pirinci karıştırın. Kil püskürtme kabı, ör. Tavuk göğüslerini bir kaseye koyun, 1 çay kaşığı tereyağıyla süsleyin, çorba karışımının üzerine dökün ve üzerine Parmesan serpin. Düşük ateşte 8-10 saat, yüksek ateşte ise 4-6 saat pişirin. Servis 6.

Tavuk ve karides

İÇİNDEKİLER

- 2 kilo kemiksiz, derisiz tavuk but ve göğüs (parçalara bölünmüş)

- 2 yemek kaşığı sızma zeytinyağı

- 1 su bardağı doğranmış soğan

- 2 diş sarımsak, kıyılmış

- 1/4 bardak maydanoz, doğranmış

- 1/2 bardak beyaz şarap

- 1 büyük (15 oz.) kutu domates sosu

- 1 çay kaşığı kurutulmuş fesleğen yaprağı

- 1 pound çiğ, soyulmuş ve kabuğu çıkarılmış karides

- Tatlandırmak için tuz ve taze çekilmiş karabiber

- 1 pound fettuccine, linguine veya spagetti

HAZIRLIK

1. Zeytinyağını büyük bir tavada veya yapışmaz tavada orta-yüksek ateşte ısıtın. Tavuk parçalarını ekleyin ve hafifçe kızarana kadar karıştırarak kızartın. Tavuğu yavaş pişiriciden çıkarın.
2. Tavaya biraz yağ dökün ve soğanı, sarımsağı ve maydanozu 1 dakika kadar kızartın. Ocaktan alıp şarap, domates sosu ve kuru fesleğeni ekleyip karıştırın. Karışımı yavaş pişiricideki tavuğun üzerine dökün.
3. Kapağı kapatın ve 4-5 saat DÜŞÜK sıcaklıkta pişirin.

4. Karidesleri karıştırın, kapağını kapatın ve yaklaşık 1 saat daha DÜŞÜK sıcaklıkta pişirin.
5. tuz ve taze çekilmiş karabiber serpin.
6. Makarnayı pişirmeden hemen önce paketin üzerinde belirtildiği şekilde tuzlu suda pişirin.

Tavuk ve dolma tarifi

İÇİNDEKİLER

- 4 adet kemiksiz, derisiz yarım tavuk göğsü

- 4 dilim İsviçre peyniri

- 1 kutu (10 1/2 oz) kremalı tavuk çorbası

- 1 kutu (10 1/2 oz) konsantre mantar çorbası

- 1 su bardağı tavuk suyu

- 1/4 bardak süt

- 2-3 bardak Pepperidge Çiftliği sebzeli dolma karışımı veya ev yapımı dolma karışımı

- 1/2 bardak eritilmiş tereyağı • Sandy'nin notlarına bakın

- Tatmak için biber ve tuz

HAZIRLIK

1. Tavuk göğüslerini tuz ve karabiberle tatlandırın; Tavuk göğüslerini yavaş tencereye yerleştirin.

2. Tavuk suyunu tavuk göğüslerinin üzerine dökün.

3. Her göğsün üzerine bir dilim İsviçre peyniri koyun.

4. İki kutu çorbayı ve sütü karıştırın. Tavuk göğüslerini çorba karışımıyla kaplayın.

5. Her şeyi dolgu karışımıyla serpin. Üzerine eritilmiş tereyağını gezdirin.

6. Kısık ateşte 6-8 saat pişirin.

Creole-Creole soslu tavuk göğsü
İÇİNDEKİLER

- 1 demet taze soğan (6-8 adet, yeşil kısmın çoğu)

- 2 dilim pastırma

- 1 çay kaşığı Creole veya Cajun baharatı

- 3 yemek kaşığı tereyağı

- 4 yemek kaşığı un

- 3/4 bardak tavuk suyu

- 1 veya 2 yemek kaşığı domates püresi

- 4 adet kemiksiz yarım tavuk göğsü

- 1/4 ila 1/2 bardak yarım veya yarım bardak süt

HAZIRLIK

1. Orta-düşük ateşte bir tavada tereyağını eritin. Soğanı ve pastırmayı ekleyin, kızartın ve 2 dakika karıştırın. Unu

ekleyin, karıştırın ve 2 dakika daha pişirin. Tavuk suyunu ekleyin; koyulaşana kadar pişirin, ardından domates salçasını ekleyin. Tavuk göğüslerini yavaş tencereye/tencereye yerleştirin. Sos karışımını ekleyin. Kapağını kapatın ve 3 saat sonra karıştırarak 6-7 saat kısık ateşte pişirin. Devam etmeden önce sütü yaklaşık 20-30 dakika ekleyin. Makarna veya pilavın üzerinde servis yapın.

2. 4 kişilik.

Hominy ile biberli tavuk

İÇİNDEKİLER

• 2 pound kemiksiz, derisiz tavuk göğsü, 1 ila 1 1/2 inçlik parçalar halinde kesilmiş

• 1 orta boy kırmızı soğan, doğranmış

• 3 diş sarımsak, ince dilimlenmiş

• 1 kutu (15 oz) beyaz homin, süzülmüş

• 1 kutu (14 oz.) doğranmış domates, suyu süzülmüş

• 1 kutu (28 ons) domates, suyu süzülmüş ve doğranmış

• 1 kutu (4 ons) hafif yeşil biber

HAZIRLIK

1. Tüm malzemeleri yavaş bir tencerede birleştirin; Bütün malzemeleri karıştır. Kapağını kapatıp kısık ateşte 7-9 saat, yüksek ateşte 4-4,5 saat pişirin.
2. 4-6 kişiye hizmet vermektedir.

Tavuk sevinci

İÇİNDEKİLER

- 6-8 kemiksiz, derisiz tavuk göğsü filetosu

- Limon suyu

- Tatmak için biber ve tuz

- Tatmak için kereviz tuzu veya aromalı tuz

- Tatmak için kırmızı biber

- 1 kutu kereviz kreması

- 1 kutu mantar çorbası

- 1/3 bardak sek beyaz şarap

- tadına göre rendelenmiş Parmesan

- Pişmiş pirinç

HAZIRLIK

1. Tavuğu durulayın; kuru Limon suyu, tuz, karabiber, kereviz tuzu ve kırmızı biberle tatlandırın. Tavuğu yavaş tencereye yerleştirin. Orta boy bir kapta çorba ve şarabı birleştirin. Tavuk göğüslerinin üzerine dökün. Parmesan serpin. Kapağını kapatıp kısık ateşte 6-8 saat pişirin. Tavuğu sıcak pişmiş pilavın üzerine sosla birlikte servis edin ve üzerine parmesan peyniri serpin.
2. 4-6 kişiye hizmet vermektedir.

Yavaş Tencerede Tavuk Enchiladas

İÇİNDEKİLER

- 1 paket. Tavuk göğsü (1-1 1/2 pound)

- 1 şişe tavuk sosu

- 1 4 onsluk doğranmış yeşil biber konservesi

- 1 soğan, doğranmış

- Mısır ekmeği

- rendelenmiş peynir

HAZIRLIK

1. Yavaş tencerede tavuğu, sosu, yeşil biberleri ve doğranmış soğanları birleştirin. Kapağı kapatın ve 5-6 saat DÜŞÜK sıcaklıkta pişirin. Tavukları sosun içinden çıkarıp dilimleyin. Mısır ekmeğini tavuk ve salsa ile doldurun. Rendelenmiş peynir serpin ve yuvarlayın. Bir tavaya koyun. Fazla sosu dökün ve üzerine rendelenmiş peynir serpin. 350 derecede yaklaşık 15-20 dakika pişirin.
2. 4-6 kişiye hizmet vermektedir.

Tavuk Las Vegas

İÇİNDEKİLER

• 6 kemiksiz, derisiz yarım tavuk göğsü

• 1 kutu mantar çorbası

• 1/2 pint. Ekşi krema

• 1 (6 oz.) kavanoz kurutulmuş ve kıyma

HAZIRLIK

1. Çorbayı, ekşi kremayı ve kurutulmuş eti karıştırın. Tavuğu karışıma atın ve iyice kaplayın; bir konteynere yerleştirildi. Kalan karışımı tavukların üzerine dökün. Kapağını kapatın ve tavuk yumuşayıncaya kadar fakat kuruyana kadar 5-7 saat kadar kısık ateşte pişirin. Sıcak pilav veya erişte ile servis yapın.
2. Servis 6.

Yavaş pişirici için tavuk Paris

İÇİNDEKİLER

- 6-8 tavuk göğsü

- Tuz, karabiber ve kırmızı biber

- 1/2 bardak sek beyaz şarap

- 1 kutu (10 1/2 oz.) Kremalı Mantar

- 8 ons dilimlenmiş mantar

- 1 bardak ekşi krema

-

1/4 su bardağı un

HAZIRLIK

1. Tavuk göğüslerini tuz, karabiber ve kırmızı biberle tatlandırın. Yavaş bir tencereye koyduk. İyice birleşene kadar şarap, et suyu ve mantarları karıştırın. Tavuğun üzerine dökün. Kırmızı biber serpin. Kapağını kapatıp, tavuklar yumuşayana ama çok kuru olmayana kadar 6-8 saat pişirin. Tatlı kremayı ve unu karıştırın; konteynere koyun. Her şey iyice ısınana kadar 20 dakika daha pişmesine izin verin.
2. Pirinç veya makarna ile servis yapın.
3. 6-8 kişilik.

Tavuk Reuben Güveç, Yavaş Tencere

İÇİNDEKİLER

- 32 ons lahana turşusu (kavanozda veya torbada), durulanmış ve suyu süzülmüş

- 1 bardak Rus sosu

- 4-6 kemiksiz, derisiz tavuk göğsü filetosu

- 1 yemek kaşığı hazır hardal

- 1 bardak rendelenmiş İsviçre veya Monterey Jack peyniri

HAZIRLIK

1. Lahana turşusunun yarısını tabağın altına yayın. 1/3 bardak sosla gezdirin; Üzerine 2 veya 3 tavuk göğsü koyun ve tavuğu hardalla fırçalayın. Kalan lahana turşusu ve tavuk göğsü ile süsleyin; Her şeyin üzerine bir bardak daha sos dökün ve kalan sosu servis için ayırın.
2. Kapağını kapatıp tavuklar yumuşayana kadar yaklaşık 4 saat pişirin. Üzerine İsviçre peyniri serpin ve peynir eriyene kadar pişirin.
3. Ayrılmış sosla servis yapın.
4. 4-6 kişiye hizmet vermektedir.

yaban mersini ile tavuk

İÇİNDEKİLER

- 6 adet kemiksiz, derisiz tavuk göğsü filetosu

- 1 küçük soğan, ince doğranmış

- 1 su bardağı taze, taze yaban mersini

- 1 çay kaşığı tuz

- 1/4 çay kaşığı öğütülmüş tarçın

- 1/4 çay kaşığı öğütülmüş zencefil

- 3 yemek kaşığı esmer şeker veya bal

- 1 su bardağı portakal suyu

- 3 yemek kaşığı unu 2 yemek kaşığı soğuk suyla karıştırın

HAZIRLIK

1. Un ve su karışımı dışındaki tüm malzemeleri yavaş tencereye veya tencereye ekleyin. Kapağını kapatıp tavuklar yumuşayıncaya kadar 6-7 saat pişirin. Son 15-20 dakikada unlu karışımı ekleyip koyulaşana kadar pişirin. Baharatları tadın ve ayarlayın.
2. 4 kişilik.

Soslu ve soslu tavuk, yavaş pişirici

İÇİNDEKİLER

• 1 paket (6 ons) baharatlı doldurma kırıntıları ("ocak plakası doldurma karışımı")

• 1 büyük patates, küçük küpler halinde kesilmiş

• 1 demet taze soğan, doğranmış

• 2 dal kereviz, doğranmış

• 1/2 bardak su

• 3 yemek kaşığı tereyağı, bölünmüş

• 1 çay kaşığı kümes hayvanı baharatı, bölünmüş

• 1 ila 1 1/2 pound tavuk pirzolası veya kemiksiz göğüs

• 1 kavanoz (12 oz) tavuk sosu, örn. B. Heinz Ev Yapımı Tavuk Sosu

HAZIRLIK

1. Hafifçe yağlanmış veya serpilmiş toprak bir tencerede, doldurma kırıntılarını doğranmış patates, yeşil soğan, kereviz, 2 yemek kaşığı eritilmiş tereyağı ve 1/2 bardak su ile karıştırın. Yaklaşık yarım çay kaşığı kümes hayvanı baharatı serpin. Tavuk parçalarıyla üst doldurma; Kalan tereyağı ve kümes hayvanı baharatıyla tatlandırın. Sosu tavukların üzerine dökün. Kapağını kapatıp kısık ateşte 6-7 saat pişirin.

Tavuklu makarna ve füme Gouda peyniri

İÇİNDEKİLER

- 1 1/2 pound yumuşak, kemiksiz tavuk

- 2 küçük kabak, ikiye bölünmüş ve 1/4 inç kalınlığında dilimler halinde kesilmiş

- 1 paket tavuk çorbası karışımı (yaklaşık 1 ons)

- 2 yemek kaşığı su

- Tatmak için biber ve tuz

- bir tutam öğütülmüş hindistan cevizi, tercihen taze

- 8 ons füme Gouda peyniri, rendelenmiş

- 2 yemek kaşığı yoğunlaştırılmış süt veya sıvı krema

- 1 büyük domates, doğranmış

- 4 su bardağı pişmiş makarna veya küçük kabuklu makarna

HAZIRLIK

1. Tavuğu 1 inçlik küpler halinde kesin; bir konteynere yerleştirildi. Kabak, sos, su ve baharatları ekleyin. Kapağını kapatıp kısık ateşte 5-6 saat pişirin. Son 20 dakikada veya makarna pişerken füme Gouda'yı, sütü veya kremayı ve doğranmış domatesleri ekleyin. Sıcak pişmiş makarnayı karıştırın.
2. 4 kişilik tavuk tarifi.

Soğanlı ve mantarlı tavuk, yavaş pişirici

İÇİNDEKİLER

- 4-6 kemiksiz tavuk göğsü, 1 inçlik parçalar halinde kesilmiş

- 1 kutu (10 3/4 oz) kremalı tavuk veya tavuk ve mantar çorbası

- 8 ons dilimlenmiş mantar

- 1 torba (16 ons) dondurulmuş arpacık soğanı

- Tatmak için biber ve tuz

- Dekorasyon için doğranmış maydanoz

HAZIRLIK

1. Tavuğu yıkayın ve kurulayın. 1/2 inçlik parçalar halinde kesin ve büyük bir kaseye yerleştirin. Et suyu, mantar ve soğanı ekleyin; Karıştırın. Yavaş pişirici parçayı pişirme spreyi ile püskürtün.
2. Tavuklu karışımı tencereye ekleyip üzerine tuz ve karabiber serpin.
3. Mümkünse pişirme işleminin yarısında karıştırarak 6-8 saat boyunca DÜŞÜK sıcaklıkta pişirin ve pişirin.
4. Kıyılmış taze maydanozla süsleyin ve sıcak haşlanmış pirinç veya patatesle servis yapın.
5. 4-6 kişiye hizmet vermektedir.

Ananaslı Tavuk

İÇİNDEKİLER

• 1 ila 1 1/2 pound tavuk kanadı, 1 inçlik parçalar halinde kesilmiş

• 2/3 bardak ananas reçeli

• 1 yemek kaşığı artı 1 çay kaşığı teriyaki sosu

• 2 diş ince dilimlenmiş sarımsak

• 1 yemek kaşığı kurutulmuş doğranmış soğan (veya 1 demet doğranmış taze arpacık)

• 1 yemek kaşığı limon suyu

• 1/2 çay kaşığı öğütülmüş zencefil

• tatmak için bir tutam acı biber

• 1 paket (10 ons) şekerlenmiş bezelye, çözülmüş

HAZIRLIK

1. Tavuk parçalarını yavaş pişiriciye/tencereye yerleştirin.
2. Reçelleri, teriyaki sosunu, sarımsağı, soğanı, limon suyunu, zencefili ve kırmızı biberi birleştirin; iyice karıştırın. Tavuğun üzerine dökün ve kaplanana kadar karıştırın.
3. Kapağını kapatıp 6-7 saat pişirin. Son 30 dakikada bezelyeleri ekleyin.
4. 4 kişilik.

Kaptan Ülke Tavuğu

İÇİNDEKİLER

- 2 orta boy Granny Smith elması, çekirdeği çıkarılmış ve doğranmış (kabuğu soyulmamış)

- 1/4 bardak doğranmış soğan

- 1 küçük yeşil biber, çekirdeği çıkarılmış ve doğranmış

- 3 diş sarımsak, kıyılmış

- 2 yemek kaşığı kuru üzüm veya kuş üzümü

- 2 veya 3 çay kaşığı köri tozu

- 1 çay kaşığı öğütülmüş zencefil

- 1/4 çay kaşığı öğütülmüş kırmızı biber veya tadı

- 1 kutu (yaklaşık 14 1/2 ons) doğranmış domates

- 6 kemiksiz, derisiz yarım tavuk göğsü

- 1/2 su bardağı tavuk suyu

- Uzun taneli pirince dönüştürülmüş 1 bardak beyaz pirinç

- 1 pound orta veya büyük karides, soyulmuş ve kabuğu çıkarılmış, çiğ, isteğe bağlı

- 1/3 su bardağı file badem

- koşer tuzu

- Kıyılmış maydanoz

HAZIRLIK

1. 4 ila 6 litrelik yavaş pişiricide doğranmış elma, soğan, dolmalık biber, sarımsak, altın kuru üzüm veya kuş üzümü, köri tozu, zencefil ve öğütülmüş kırmızı biberi birleştirin; Domatesleri karıştırın.
2. Tavuğu, parçaları hafifçe kaplayacak şekilde domates karışımının üzerine yerleştirin. Tavuk suyunu tavuk göğsü yarımlarının üzerine dökün. Kapağını kapatın ve tavuk çatalla delindiğinde iyice yumuşayana kadar, yaklaşık 4-6 saat, DÜŞÜK ayarda pişirin.
3. Tavuğu bir ısıtma plakasına yerleştirin, üzerini hafifçe örtün ve 400°F fırında veya yiyecek ısıtıcısında sıcak tutun.
4. Pirinci pişirme sıvısına karıştırın. Sıcaklığı maksimuma yükseltin; kapağını kapatın ve bir veya iki kez karıştırarak pirinç neredeyse yumuşayana kadar yaklaşık 35 dakika pişirin. Kullanıyorsanız karidesleri karıştırın; Kapağını kapatıp karidesin ortası opaklaşana kadar 15 dakika daha pişirin. çeki kesin.
5. Bu arada bademleri küçük yapışmaz bir tavada orta ateşte ara sıra karıştırarak altın rengi kahverengi olana kadar kızartın. Beni bir kenara koydun.
6. Servis yaparken pirinç karışımını tuzla tatlandırın. Sıcak bir kaseye yerleştirin; Tavuğu üstüne yerleştirin. Maydanoz ve badem serpin.

Köy tavuğu ve mantar

İÇİNDEKİLER

-

1 şişe köy sosu

-

4-6 tavuk göğsü

-

8 ons dilimlenmiş mantar

-

Tatmak için biber ve tuz

HAZIRLIK

1. Bütün malzemeleri karıştır; Kapağını kapatıp 6-7 saat pişirin. Pirinç veya makarna ile servis yapın.
2. 4-6 kişiye hizmet vermektedir.

P

Ollo yaban mersini ile

İÇİNDEKİLER

- 2 pound kemiksiz, derisiz tavuk göğsü

- 1/2 bardak doğranmış soğan

- 2 çay kaşığı bitkisel yağ

- 2 çay kaşığı tuz

- 1/2 çay kaşığı öğütülmüş tarçın

- 1/4 çay kaşığı öğütülmüş zencefil

- 1/8 çay kaşığı öğütülmüş hindistan cevizi

- ince öğütülmüş yenibahar

- 1 bardak portakal suyu

- 2 çay kaşığı ince rendelenmiş portakal kabuğu

- 2 bardak taze veya dondurulmuş yaban mersini

- 1/4 su bardağı esmer şeker

HAZIRLIK

1. Tavuk parçalarını ve soğanı yağda kızartın; tuz serpin.
2. Tencereye kızarmış tavuk, soğan ve diğer malzemeleri ekleyin.
3. Kapağı kapatın ve 5 1/2-7 saat boyunca DÜŞÜK seviyede pişirin.
4. Gerekirse pişirmenin sonunda suyu yaklaşık 2 yemek kaşığı mısır nişastası ve 2 yemek kaşığı soğuk su karışımıyla koyulaştırın.

Kremalı İtalyan Tavuğu

İÇİNDEKİLER

- 4 adet kemiksiz, derisiz yarım tavuk göğsü

- 1 torba İtalyan salata sosu

- 1/3 bardak su

- 1 paket (8 ons) krem peynir, yumuşatılmış

- 1 kutu (10 3/4 oz) yoğunlaştırılmış kremalı tavuk suyu, seyreltilmemiş

- 1 kutu (4 oz.) mantar sapları ve parçaları, süzülmüş

- Sıcak pişmiş pirinç veya makarna

HAZIRLIK

1. Tavuk göğsü yarımlarını yavaş tencereye yerleştirin. Salata sosunu ve suyu birleştirin; tavuğun üzerine dökün. Kapağı kapatın ve 3 saat boyunca DÜŞÜK sıcaklıkta pişirin. Küçük bir kapta krem peyniri ve çorbayı iyice birleşene kadar karıştırın. Mantarları ekleyin. Krem peynirli karışımı tavukların üzerine dökün. 1-3 saat daha veya tavuk suları bitene kadar pişirin. İtalyan tavuğunu pilav veya sıcak pişmiş makarna ile servis edin.
2. 4 kişilik.

Tavuklu lazanya

İÇİNDEKİLER

- 2 büyük kemiksiz yarım tavuk göğsü

- 2 adet ince doğranmış kereviz çubuğu

- 1 küçük soğan, ince doğranmış veya 1 veya 2 yemek kaşığı kuru soğan, doğranmış

- 1/2 çay kaşığı kekik

- Tatmak için biber ve tuz

- 6-9 lazanya

- 1 paket dondurulmuş ıspanak, çözülmüş ve sıkılmış

- 6 ons taze, kalın dilimlenmiş mantar veya 1 4 ila 8 ons konserve

- 1 1/2 su bardağı rendelenmiş kaşar ve Amerikan peyniri karışımı

- 1 kutu "hafif" mantar çorbası

- 1 kutu yeşil biberli domates

- 1 paket (1 ons) kuru harmanlanmış tavuk suyu

-

3/4 bardak ayrılmış et suyu

HAZIRLIK

1. 2 litrelik bir tencerede tavuk göğüslerini kereviz, soğan, kekik, tuz ve karabiberle birlikte yaklaşık 25 dakika yumuşayana kadar buharda pişirin. Tavuğu çıkarın ve soğumaya bırakın. doğrayın veya kıyın. 3/4 bardak et suyunu ayırın. Kalan et suyunu atın veya başka bir tarifte kullanmak üzere dondurun. Yarım lazanya; Hafifçe

esnekleşinceye kadar yaklaşık 5-8 dakika pişirin. Daha kolay kullanım için boşaltın ve soğuk suyla durulayın.

2. Orta boy bir kapta çorbayı, domatesleri, sosu ve et suyunu birleştirin. 3/4 bardak çorba karışımını 3 1/2-4 litrelik yavaş pişiriciye / tencereye dökün. Çorba karışımının üzerine 4-6 yarım lazanya koyun. 1/3 ıspanak, 1/3 tavuk, 1/3 mantar ve 1/2 su bardağı rendelenmiş peynir ekleyin. Her şeyin üzerine 3/4 bardak çorba karışımı daha dökün. Katmanları iki kez daha tekrarlayın, ardından kalan çorba karışımıyla bitirin. Kapağını kapatıp 4-5 saat pişirin. Makarnayı çok uzun süre pişirirseniz yumuşayabilir. Yani yaklaşık dört buçuk saat sonra kontrol edin.

3. 4 kişilik.

Crockpot Tavuk Reuben Güveç

İÇİNDEKİLER

- 2 torba (her biri 16 ons) lahana turşusu, durulanmış ve suyu süzülmüş

- 1 fincan hafif veya düşük kalorili Rus salatası sosu, bölünmüş

- 6 kemiksiz, derisiz yarım tavuk göğsü

- 1 yemek kaşığı hazır hardal

- 4-6 dilim İsviçre peyniri

- dekorasyon için taze maydanoz (isteğe bağlı)

HAZIRLIK

1. Lahana turşusunun yarısını 1 litrelik elektrikli yavaş pişiriciye yerleştirin. Yaklaşık 1/3 bardak sosla gezdirin. Üstüne 3 yarım tavuk göğsü koyun ve hardalı tavuğun üzerine yayın. Kalan lahana turşusu ve tavuk göğsü ile süsleyin. Yemeğin üzerine bir bardak daha sos dökün. Kalan sosu servis yapana kadar buzdolabında saklayın. Kapağını kapatın ve tavuk tamamen beyaz ve yumuşak oluncaya kadar yaklaşık 3 1/2 ila 4 saat pişirin.
2. Servis yapmak için güveci 6 tabağa bölün. Bir dilim peynirle süsleyin ve üzerine birkaç çay kaşığı Rus sosu gezdirin. Hemen servis yapın, tadına göre taze maydanozla süsleyin.
3. Servis 6.

Güçlü Crockpot Tavuk

İÇİNDEKİLER

- 4-8 kemiksiz, derisiz tavuk göğsü filetosu

- 1 şişe (8 oz) Wishbone Robusto İtalyan Sosu

- Bir torbada 1 pound yumurtalı erişte

- 115 gram. Ekşi krema

- 1/2 bardak Parmesan peyniri ve servis için daha fazlası

HAZIRLIK

1. Tavuk göğüslerini tencereye yerleştirin. Üzerine İtalyan sosunu dökün. Kapağı kapatın ve 7 saat boyunca düşük sıcaklıkta veya 3 1/2 saat boyunca yüksek sıcaklıkta pişirin. Tavuğu tencereden çıkarın; ısıyı açık bırakın. Ekşi kremanın yarısını meyve sularına ekleyin ve eriyene kadar karıştırın. Seni ısıtır.
2. Makarnayı iyice haşlayıp süzün. Kalan ekşi kremayı ve Parmesan'ı makarnaya ekleyin ve eriyene kadar karıştırın. Tavuğu makarnanın üzerine servis edin ve üzerine tavuk sosunu dökün.
3. Tadına göre parmesan serpin.

Enginarlı tavuk güveç

İÇİNDEKİLER

- 1/2 ila 2 pound kemiksiz, derisiz yarım tavuk göğsü

- 8 ons dilimlenmiş taze mantar

- 1 kutu (14,5 oz.) doğranmış domates

- 1 paket dondurulmuş enginar, 8 ila 12 ons

- 1 su bardağı tavuk suyu

- 1/2 bardak doğranmış soğan

- 1 kutu (3-4 oz.) olgun zeytin, dilimlenmiş

- 1/4 bardak sek beyaz şarap veya tavuk suyu

- 3 yemek kaşığı hazır tapyoka

- 2 çay kaşığı köri tozu veya tadına göre

- 3/4 çay kaşığı kurutulmuş kekik, doğranmış

- 1/4 çay kaşığı tuz

- 1/4 çay kaşığı biber

- 4 bardak sıcak pişmiş pirinç

HAZIRLIK

1. Tavuğu durulayın; boşaltın ve bir kenara koyun. 3 1/2 ila 5 litrelik yavaş pişiricide mantarları, domatesleri, enginar kalplerini, tavuk suyunu, doğranmış soğanı, dilimlenmiş zeytinleri ve şarabı birleştirin. Tapyoka, köri tozu, kekik, tuz ve karabiberi karıştırın. Tencereye tavuk ekleyin; Domates karışımının bir kısmını tavuğun üzerine dökün.
2. Kapağı kapatın ve 7-8 saat DÜŞÜK sıcaklıkta veya 3 1/2-4 saat YÜKSEK sıcaklıkta pişirin. Sıcak haşlanmış pirinçle servis yapın.
3. 6-8 porsiyon için.